역사를 읽으면 통찰력을 얻는다
중국역사를 읽으면 중국으로 가는 길이 보인다

21일간의 이야기만화 역사기행

만리 중국사

COMIC VERSION OF CHINESE HISTORY 32, 33, 34

Copyright ⓒ 中国美术出版社总社连环画出版社, 2011; 编绘: 孙家裕; 主笔: 孙轶彬 · 潘广维
Korean translation copyright ⓒ Korean Studies Information Co., Ltd., 2013
Korean translation rights of 《COMIC VERSION OF CHINESE HISTORY》
arranged with LIANHUANHUA PUBLISHER directly.

21일간의 이야기만화 역사기행

만리 중국사

15권 오대십국 / 송 1

초판인쇄 2014년 2월 21일
초판발행 2014년 2월 21일

글 · 그림 쑨자위
글 쑨이빈 · 판광웨이
옮긴이 류방승
펴낸이 채종준
기획 권성용
편집 정지윤, 백혜림
디자인 박능원, 이효은
마케팅 송대호, 정경철, 이행은

펴낸곳 한국학술정보(주)
주소 경기도 파주시 회동길 230 (문발동 513-5)
전화 031) 908-3181(대표)
팩스 031) 908-3189
홈페이지 http://ebook.kstudy.com
전자우편 출판사업부 publish@kstudy.com
등록 제일산-115호(2000. 6. 19)

ISBN 978-89-268-5431-0 14910
      978-89-268-5416-7 14910(set)

또다시 찾아온 대분열의 시대

15권 오대십국 / 송 1

쏜자위 글·그림
쏜이빈·판광웨이 글

만리
중국사

21일간의 이야기만화 역사기행

이담
Books

중국은 세계 4대 문명 발상지 가운데 하나다. 중화 문명은 아득히 먼 옛날부터 수천 년 동안 전해져 내려오며 상고上古, 하夏, 상商, 주周, 춘추春秋, 전국戰國, 진秦, 서한西漢, 동한東漢, 삼국三國, 서진西晉, 동진東晉, 남북조南北朝, 수隋, 당唐, 오대십국五代十國, 송宋, 요遼, 서하西夏, 금金, 원元, 명明, 청淸 등의 역사 시대를 거쳤다.

중화 문명은 세계에서 가장 오래된 문명이자 가장 오래 지속된 문명이기도 하다. 중화 문명과 어깨를 나란히 한 문명으로는 고대 바빌론 문명, 고대 그리스 문명, 고대 이집트 문명 등이 있다. 어떤 문명은 중국보다 먼저 발생하고, 또 범위도 훨씬 넓었지만 이들은 이민족의 침입 혹은 스스로의 부패로 인해 멸망하여 결국 기나긴 역사 속에서 연기처럼 사라져 버렸다. 중국만이 세계에서 유일하게 문명 대국을 자랑하며 유구한 역사를 이어 오고 있다.

수천 년 동안 중화 민족은 무엇에도 굴하지 않는 강인한 의지와 과감한 탐구 정신, 총명한 지혜로 웅장한 역사의 장을 엶과 동시에 눈부시게 찬란한 물질문명과 정신문명을 창조했다.

이 책의 편집 제작은 정사正史를 바탕으로 진실하고 객관적인 사실을 전달하는 데 주력했다. 또한 역사를 만화 형식으로 풀어 씀으로써 독자들이 아름답고 다채로우며 생동감 넘치는 장면을 느끼리라 기대한다. 독자 여러분들이 쉽고 재미있게 읽는 가운데 역사를 직접 느끼고 역사에 융화되어 깨닫는 바가 있기를 바란다.

지롄하이紀連海
중국 CCTV '백가강단百家講壇' 강사

또다시 찾아온
대분열의 시대

당 말기에 이르러 번진 할거와 환관의 전횡, 붕당 정쟁으로 당의 통치력이 크게 약화되었다. 907년에 주온朱溫이 당의 황제를 축출하고 양나라를 건립함으로써 중국 역사는 오대십국五代十國 시기로 접어들었다. 오대십국은 당과 송 사이에 60년간 존재했던 짧은 과도기이다. 오대는 후량後梁, 후당後唐, 후진後晉, 후한後漢, 후주後周를 가리키고, 십국은 오대와 동시에 혹은 이어서 출현했던 비교적 큰 10개 세력을 말한다. 십국에는 전촉前蜀, 후촉後蜀, 오吳, 남당南唐, 오월吳越, 민閩, 초楚, 남한南漢, 남평南平, 북한北漢이 속한다.

이 시기에는 이후 수백 년간 중국 역사에 지대한 영향을 미친 사건이 일어났다. 후당의 장수 석경당石敬瑭은 거란의 도움을 받아 후당을 멸하고 후진을 건립했다. 그 대가로 그가 거란에 연운燕雲 16주를 떼어주면서 중국 북부의 병풍이 고스란히 유목민족의 손에 넘어갔다. 이후 중원 정권은 유목민족의 위협에 노출돼 북송과 남송이 멸망하는 결과를 초래했다.

960년, 송 태조 조광윤趙匡胤이 북송(北宋, 960~1127년)을 건국하면서 당 말기 이래로 사분오열된 국면을 다시 통일했다. 북송은 이런 분열 현상을 타산지석으로 삼아 과거제를 매개로 한 문치주의 정책을 강력히 실시함으로써 황제의 권한을 안정시키고 사대부 사회를 형성했다. 그러나 성공적인 대내 정책과 달리 대외 정책에서는 북방 이민족인 요, 서하, 금에게 시종 열세를 면치 못하면서 침공에 시달렸다.

1127년, 여진족은 송나라의 심각한 내부 위기를 틈타 변량으로 쳐들어가 휘종, 흠종 두 황제를 포로로 잡았다. 이 사건이 그 유명한 '정강靖康의 변'이다. 북송은 마침내 금에게 멸망하고 황실 종친인 조구趙構가 강남으로 달아나 대신들의 천거로 임안(臨安, 지금의 항주)에서 송 왕조를 재건하고 남송(南宋, 1127~1279년)을 건국했다.

이민족의 침략에 재정이 크게 악화된 송 왕조는 이를 타개하고자 범중엄范仲淹이 신정新政을 주창하고 왕안석王安石이 중심이 되어 변법變法을 추진했지만, 재정적인 도움을 주는 데 그쳤을 뿐 근본적인 개혁을 이루지 못했다. 그 결과 남송은 몽고에 의해 멸망하고 말았다. 그러나 경제적으로는 눈부신 발전을 거듭해 생산력이나 과학기술 방면에서 최고의 수준에 도달했다. 중국의 4대 발명품 중 활판 인쇄술, 나침반, 화약이 모두 이 시기에 생산, 발전되었고, 수도인 임안에는 시장이 번성하고 점포가 즐비했으며 항상 사람들로 북적여 대도시의 면모를 과시했다.

상고 上古		B.C. 약 800만~2000년
하 夏		B.C. 2070~1600년
상 商		B.C. 1600~1046년
주 周		B.C. 1046~771년
춘추 春秋		B.C. 770~403년
전국 戰國		B.C. 403~221년
진 秦		B.C. 221~206년
한 漢	서한 西漢	B.C. 206~A.D. 25년
	동한 東漢	25~220년
삼국 三國_위·촉·오		220~280년
양진 兩晉	서진 西晉	265~317년
	동진 東晉	317~420년
남북조 南北朝		420~589년
수 隋		581~618년
당 唐		618~907년
오대십국 五代十國		907~960년
송 宋	북송 北宋	960~1127년
	남송 南宋	1127~1279년
요 遼		907~1125년
서하 西夏		1038~1227년
금 金		1115~1234년
원 元		1271~1368년
명 明		1368~1644년
청 淸		1644~1911년

오대십국 五代十國

- 907년 주전충이 당을 멸망시키고 양나라를 건립
- 923년 이존욱이 후당을 건국하고 양을 멸함.
- 925년 후당이 촉을 멸함.
- 936년 석경당이 후진을 건국, 연운 16주를 요에 바침.
- 947년 유지원이 한나라를 건국
- 951년 곽위가 후주를 건국
- 954년 시영이 후주의 황제에 오름.

송 宋

- 960년 조광윤이 진교에서 쿠데타를 일으켜 후주를 멸하고 북송을 창건함.
- 961년 조광윤이 한잔 술로 병권을 빼앗음.
- 963~978년 북송이 남방의 할거 정권을 평정함.
- 976년 조광윤이 급사하고 아우 조광의가 태종으로 즉위
- 986년 송군이 북벌에 나서 요를 공격함.
- 993년 사천에서 왕소파와 이순의 난 발생
- 997년 진종의 즉위
- 1004년 요나라가 송을 침공, 전연의 맹약 체결
- 1008년 진종이 태산에서 봉선함.
- 1038년 원호가 칭제하여 대하를 건국
- 1040년 서하가 삼천구에서 송군을 대파
- 1043년 범중엄이 경력신정을 추진
- 1044년 북송과 서하가 화의를 맺음.
- 1045년 범중엄의 경력신정이 무산됨.
- 1067년 신종의 즉위
- 1069년 왕안석이 신법(희녕변법)을 강행
- 1076년 왕안석의 파직으로 희녕변법이 좌절됨.
- 1081년 송군이 서하를 공격했다가 대패함.
- 1084년 『자치통감』 완성

차례

오대십국

북송

북송

오대십국

오대십국

五代十國

이존욱李存勖

당 말기의 하동절도사로 용맹하기로 이름이 높았다. 923년에 당唐을 건국하고 장종莊宗에 올랐다. 역사에서는 이를 후당後唐이라고 부른다.

주온朱溫

당 말기 황소黃巢의 부장이 되었다가 관군에 항복해 당 황제 희종僖宗에게 주전충朱全忠이란 이름을 하사받았다. 후량後梁을 건국한 후 주황朱晃으로 다시 이름을 바꾸었다.

풍도馮道

중국에서 최초로 대규모 유가 경전 판각을 시작한 인물이다. 후당·후진·후한·후주 네 왕조의 군주 10명을 거치며 20년 넘게 재상을 지냈다. 사람들은 그를 '정계의 오뚝이'라고 불렀다.

전류錢鏐

젊어서 소금 판매상을 하다가 후에 군에 투신했다. 893년에 진해절도사로 승진했고 902년에 월왕越王에 봉해졌으며 후량은 그를 오월왕吳越王에 봉했다.

석경당石敬瑭

후진後晉을 건립하고 고조에 올랐다. 거란 군주의 아들을 자처하며 스스로 '아황제兒皇帝'라고 칭했다.

곽위郭威
평민 출신으로
일반 사병에서 시작해
장군에 오르고 마침내
후주後周 초대 황제에
등극했다. 청렴하고
정치에 힘쓴 황제로
이름이 높다.

조광윤趙匡胤
송 태조. 북송北宋
왕조를 건국했다.
오대십국으로 분열된
중국을 거의 통일한 후
무인 정치를 폐하고
문치주의를 확립했다.

시영柴榮
후주後周의 세종世宗.
빼어난 용모에 성격이
침착하고 과묵했다.
또한 무예에 능했으며
사서에 정통했다. 오대의
황제 중 가장 걸출한
군주로 꼽힌다.

한희재韓熙載
후당 때 진사를 지냈고,
남당南唐 이변李昪이
집권할 때 비서랑에
올라 태자를 보위했다.

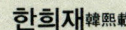

야율덕광耶律德光
요遼의 태종.
야율아보기耶律阿保機의
둘째 아들이다.

주덕위周德威
후당의 명장.
용맹하면서도 지략이
뛰어났다. 이극용李克用
을 따라 왕행유王行瑜를
물리친 공로로 검교좌
복야, 아내지휘사로
승진했다.

시대별지도 - 오대십국五代十國

상경上京
⊙

요遼

우전于闐

당항黨項

▼후량後梁 907~923
▼후당後唐 923~936
▼후진後晉 936~947
▼후한後漢 947~951
▼후주後周 951~960

개봉부開封府
⊙

진晉

금릉金陵

토번吐蕃

서부西府

성도부成都府
⊙

강릉부江陵府
⊙

오吳

오월吳越

전촉前蜀

남평南平

장락부長樂
⊙

초楚

장사부長沙府
⊙

민閩

대리大理

홍왕부興王府
⊙

남한南漢

N
W E
S

주온이
당을 멸하고
후량을 건국하다

882년, 당군이 장안을 물샐 틈 없이 포위하자 황소의 부장 주온은 전세가 불리하다고 판단해 군사를 이끌고 당에 투항했다. 희종은 주온에게 '전충'이란 이름을 하사하고 이극용*과 함께 황소 기의군을 토벌하라고 명했다.

이 대인, 이번에 왕만도에서 황소를 격퇴한 전과를 축하합시다!

그대 군대는 변량에서 편히 휴식을 취하십시오!

건배

그러니 내게 응당 감사해야지요.

이번에 내가 출정하지 않았다면 황소를 물리칠 수 있었겠소?

---

* 이극용李克用
  당나라 말기의 군웅. 황소의 난을 진압하는 데 큰 공을 세웠지만 주온에게 패한 후 병사했다.

가증스런 이극용 놈!!! 나는 아예 안중에도 없구나…

주온, 폐하는 역적인 그대를 벌하지 않고 도리어 높은 벼슬을 내렸는데

생사의 고비를 넘으며 허다한 공을 세운 이 몸은 고작 하동절도사에 머물러 있소!

장군은 당의 기둥인데 제가 어찌 비교가 되겠습니까!

그거야 당연하지!

16

이 대인이 너무 무례합니다!

음...

그날 밤 주온과 그의 부하들은 이극용의 오만함을 성토하기 시작했다.

내 이 애꾸눈 놈을 반드시 죽이고야 말겠다!

폭발—

그가 아직 변량에 있는 지금 손을 쓰시지요.

17

18

제길, 중요한 순간에 비가 내리다니!

당장 안으로 들어가 이극용을 잡아라!

쾅!

이극용이 어디 갔지?

두리번

두리번

빨리 수색하라!

이리
저리
어디 숨은 거야?

아무리 찾아봐도 이극용이 보이지 않습니다.

그래?

쥐새끼 같은 놈이 벌써 도망쳤구나!

이극용은 겨우 몸을 빼서 달아난 후 희종에게 상소를 올렸다.

주온이 자신을 모함해 죽이려 한다며 이극용이 파병을 요구했소.

주온이?

20

이극용과 주온이
병권을 쥐고 있어서
그들의 미움을 사서
는 안 됩니다.

그렇다고
이극용의 요구를
거절하면 그가 중원을
침공할 텐데.

헉!

그럼 먼저 이극용
에게 사신을 보내
그를 무마하십
시오.

사신은 이극용에게 희종의
뜻을 전하고 돌아왔다.

폐하, 이극용이
세 가지 조건을
내걸었습니다.

뭘 또 세
가지나…

21

그가 모반을 꾀하지 않는다면 어떤 요구든 다 들어주리다.

허나, 이극용의 요구를 수용하면 주온은 어쩝니까?

그럼 주온을 양왕에 봉하고 토지와 병권을 떼어 주시오.

이극용의 일은 주온에게 전화위복이 돼 그의 권력은 한층 더 강화되었다.

888년, 당 소종昭宗이 즉위했다.

901년, 소종이 환관 한전회에게 연금되자 재상 최윤은 주온에게 급히 구원을 요청했다.

상황이 다급해진 한전회는 봉상절도사 이무정에게 몸을 의탁했다. 주온이 봉상 공격에 나서자 식량이 다 떨어진 이무정은 원조를 절박하게 기다렸는데…

22

봉상

끼익~

다다다

주공, 봉상의 이무정이 성을 나와 뵙기를 청합니다.

주온, 우리 강화를 맺읍시다.

전투에 져 놓고선 강화를 맺겠다고?

Help~

내가 환관을 모두 죽이고 황제를 넘겨주면 어떻겠소?

23

황제를 곁에 둔다면 조조처럼 천자를 끼고 제후를 호령할 수 있겠군.

솔깃

좋소, 그리합시다!

휴, 감사하오!

소종이 장안으로 돌아온 후, 주온은 환관을 몰살하고 소종을 협박해 권력을 장악했다. 904년, 주온은 소종에게 낙양 천도를 강요했다.

唐

洛陽

혹시 황제가 천도에 불만을 품고 이극용을 이용해 재기를 노릴까 염려됩니다.

!!!

그렇다면 황제를 살려 둬선 안 되지.

황제를 죽였다는 비난을 피하기 위해서는 먼저 평계를 대고 낙양을 떠나십시오.

꼼수 작렬

마침 이무정에게 새로 빌붙은 양승본을 토벌할 생각이었다.

나는 하중 전선으로 가 양승본을 토벌하고 소종이 제거된 후 낙양으로 돌아오겠다!

904년, 주온은 주우공, 씨숙종 등에게 소종 시해를 사주했고 이어 소종의 아들 이축을 당 애종哀宗으로 삼았다.

폐하, 어찌 이리도 비참하게 돌아가셨습니까!

신이 반드시 복수해 드리겠습니다!

흐흐, 지금이 바로 주우공, 씨숙종을 죽여 입을 막을 기회다.

좋았어!

907년, 주온은 당의 마지막 황제인 애종을 폐위하고 스스로 황제에 올라 국호를 양梁으로 정했다.

후대에 주온이 건국한 양나라는 남북조 때 소연이 건립한 양나라와 구분하기 위해 후량後梁이라 불렀다.

26

이존욱이 후량을 멸하고 후당을 건국하다

진왕 이극용은 주온이 당을 멸한 소식을 듣고 분개해 여전히 당의 연호 사용을 고집했다. 얼마 후 그는 중병에 걸려 임종이 다가왔음을 느끼고 아들 이존욱을 불렀다.

존욱아, 내 죽음을 앞두고 세 가지 소원이 있다.

말씀하세요.

첫째는 나를 대신해 주온을 죽이고 양을 멸해라.

주온…

둘째는 배은망덕한 유인공 놈을 꼭 죽이도록 해라!

울컥

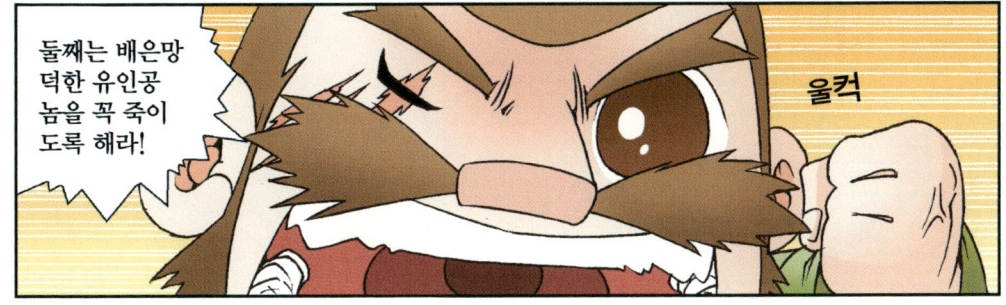

27

내 일찍이 그를 위기에서 구해 줬는데 그놈은 은혜를 모르고 주온에게 투항했다.

유인공…

마지막으로 거란을 소탕해라.

거란을요?

원래 거란 수령 야율아보기와 결의형제하고 함께 주온을 토벌하기로 약속했는데 그가 나를 배신했다.

나의 이 세 가지 소원을 이룬 후 이 화살을 내 영전에 바쳐다오!

걱정 마십시오. 제가 꼭 부왕의 소원을 이루겠습니다!

부왕! 엉엉……

네 삼촌 이극녕이 우리 모자를 연회에 초대했는데… 아마 우리를 잡아 양나라에 넘길 심산인가 보다.

맙소사!

얼마 후

선왕의 시신이 식기도 전에 삼촌이 우릴 배신하다니요!!

걱정 마세요. 그의 계획을 역이용해 연회에서 삼촌과 그 일당을 일망타진해 버리겠습니다.

29

삼촌이 어떻게 자기 조카와 형수를 적에게 넘길 수 있단 말입니까?

하지만 삼촌의 이 계획은 제게 좋은 구실을 주었습니다.

대체 어쩔 심산이냐?

으흐흐

삼촌을 죽여 분수도 모르고 날뛰는 놈들에게 본보기를 보여줄 것입니다!

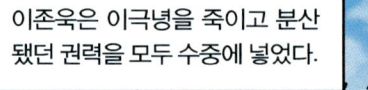

이존욱은 이극녕을 죽이고 분산됐던 권력을 모두 수중에 넣었다.

주온과 조왕 왕용이 위주를 차지하기 위해 싸움이 붙었습니다.

위주는 지리적으로 매우 중요한 땅이라 절대 주온에게 넘어가서는 안 되오.

조왕을 구원하러 가야겠소!

조왕이 일찍이 주온에게 신하를 청한 일이 있어서 그들이 화해하면 우리는 헛걸음만 하게 됩니다.

왕용은 마지못해 주온에게 굴복한 터라 그들이 얼굴을 붉힌 이상 화해할 일은 없소.

나만 믿어

이존욱은 왕용을 구원하러 위주로 출병했다가 주온의 장수를 포로로 잡았다.

사실대로 말해라. 주온은 위주 공략에 군사를 얼마나 동원했느냐?

7만 이옵니다.

주온의 병력이 아군의 세 배나 되는군.

31

이존욱 군영

주덕위 장군, 중과부적*인 이 상황을 어찌 타개하면 좋겠소?

주온이 군대를 여러 길로 나눠 공격하면 우리로선 역부족입니다.

맞다! 주온 같은 백전노장도 전쟁에 임하면 의심이 많기 마련이오.

네?

만약, 적이 아군의 3분의 1밖에 안 되는데 끊임없이 선제공격을 해 온다면 장군은 어찌 생각하겠소?

*중과부적衆寡不敵
  적은 수효로 많은 수효를 대적하지 못함.

구원병이 있지 않을까 의심하게 됩니다.

그럼 선제 공격을 통해 구원병이 곧 당도한다고 적을 의심하게 만들자는 것이군요!

맞소!

주온은 우리와 구원병이 협공할까 두려워 분명 군대를 움직이지 않고 대책을 고민할 겁니다.

저들이 주저하는 틈을 타 기습을 합시다!

이에 주덕위는 군사를 이끌고 여러 차례 치고 빠지는 작전을 구사했다.

다들 돌격하라!

와―

철수
하라!

이곳은 전장이
협소한 데다 앞은
적군이요, 뒤는 큰
강물이라 기병이
실력을 발휘하기
어렵습니다.

뒤로 물러나
넓은 곳에서 싸
워야만 기병의 우
세를 활용할 수
있습니다.

내 말 듣고는
있나?

난 후퇴에 반대하오.

옛날 한신은 정형관에서 배수진을 쳐 대승을 거두었소. 장군도 이를 참고하길 바라오.

그건……

이존욱 군영

진왕의 작전은 너무 위험합니다.

부득이한 상황도 아닌데 누가 배수진으로 싸우길 원하겠습니까.

주 장군이 진왕을 좀 설득해 주십시오.

제발

그렇게 되면 진왕께서 심혈을 기울여 짠 배치가 모두 수포로 돌아갑니다.

방금 전에 양나라가 내 계책을 간파했다는 정보가 들어왔소.

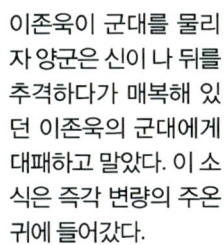

이존욱이 군대를 물리자 양군은 신이 나 뒤를 추격하다가 매복해 있던 이존욱의 군대에게 대패하고 말았다. 이 소식은 즉각 변량의 주온 귀에 들어갔다.

우리가 군대를 물리면 적의 경계를 늦춤은 물론 전장도 확대할 수 있어 일거 양득이 되오!

폐하, 아군이 진군에 대패했습니다!

뭐라?

부황, 화내지 마십시오. 이존욱이 요행히 승리를 거둔 것뿐입니다.

이극용은 비록 죽었지만 훌륭한 아들을 남겼는데, 주우규, 너는 그의 발톱의 때만도 못하구나!

그렇게 심한 말씀을!

두고 보자ㅡ

주온은 장 황후가 세상을 떠난 후 미색에 빠지고 황음무도*하여 며느리까지 곁에서 시중들게 했는데, 둘째 아들 박왕 주우문의 처인 왕씨를 총애하여 주우문에게 황위를 물려주기로 결심했다.

912년, 주온은 중병에 걸리자 왕씨에게 주우문을 불러 뒷일을 맡기라고 명했다. 이때 주우규의 처인 장씨가 옆에서 이를 듣고는 곧장 주우규에게 이 사실을 알렸다.

앙심을 품은 주우규는 그해에 주온을 죽이고 황위에 등극했다. 하지만 후량은 국력이 크게 약해져 곧 이존욱에게 멸망당했다.

* **황음무도** 荒淫無道
주색에 빠져 사람으로서 마땅히 할 도리를 돌아보지 않는 면이 있음.

38

배우가 되고 싶었던 황제 이존욱

923년, 이존욱은 당 장종莊宗에 올랐다. 이연이 세운 당과 구분하기 위해 후세에 이존욱이 건국한 당을 후당後唐이라고 불렀다.

이존욱은 전쟁터에서는 훌륭한 장수였지만 천하를 다스리는 데는 문외한이었다. 그는 영인*을 총애하고 환관을 중용했으며, 또 돈 쓰는 데 인색해 병사들에게 물질적 보상을 하지 않았다.

아함… 전쟁이 없으니 너무 무료하구나!

그럼 노래나 들으시면서 무료함을 달래시지요.

그거 좋겠구나!

* 영인伶人
고대의 음악 연주자 혹은 배우를 가리킴.

밤마다 서로 그리워 하며 다시 눈물을 남기네. 상처 입은 마음은 달빛에 어려 난간을 비춘다. 임을 사모하는 내겐 비단 이불이 차갑기만 하네.

오~!

지척에 있는 화당인데 깊기가 바다와 같으니, 두텁게 서로 손잡고 책 읽던 때만을 기억할 뿐, 언제 손 맞잡고 장안으로 돌아가려나.

정말 잘 부르는 구나!

짝짝짝!

짐도 노래를 배워 보고 싶다!

네?

존귀하신 폐하께서 어찌 영인에게 노래를 배우겠다 하십니까?

짐이 노래를 못 부를까 봐 그러느냐?

아, 아닙니다!

결국 이존욱은 국사를 팽개치고 온종일 광대 놀음을 하는 데만 정신이 팔렸다.

오랑캐 땅에 화초가 없으니, 봄이 왔지만 봄 같지 않네. 자연히 옷이 헐렁거리니, 허리를 가늘게 하려는 것은 아닌데.

폐하의 노래를 직접 듣다니…

폐하께서 왕소군을 정말 똑같이 따라 하셔.

우리보다 훨씬 잘하시는데!

41

짐이 너희들과 함께 공연해도 되겠느냐?

폐하는 천자의 신분이신데 어찌 미천한 저희와 함께하실 수 있겠습니까?

짐을 껴 주지 않겠단 말이냐?

그…그런 말씀이 아니오라.

빨리 폐하의 노기를 가라앉혀야지 그렇지 않으면 목이 달아나겠어.

저희 영인은 예명이 있어야만 무대에 오를 수 있다는 규정이 있습니다.

그런 규정도 있어?

43

찰싹

헉!

경신마,
네놈이 감히
짐의 뺨을
때렸느냐!

천하를 다스리는
천자는 단 한 분뿐인데
누구를 그렇게 높혀
부르십니까?

저 말은 천하를
차지할 사람은
나 하나뿐이란
뜻이군.

맞는 말이다.
너에게 큰 상을
내리겠다!

감사합
니다, 폐하!

폐하가 영인을 총애하여 점점 우리 대신을 멀리하고 있소.

이존욱이 점점 영인들을 총애하고 대신들을 멀리하자 신하들의 불만은 극에 달했다.

어제는 영인에게 뺨을 맞고서도 큰 상을 내렸다는 구먼.

정말 기가 막힌 일이오.

이런~

직언을 올리는 우리에게는 항상 욕이나 퍼부었는데.

영인에게 국가 대사까지 묻고 있으니, 원……

우리와 영인이 논쟁이 붙으면 폐하는 다짜고짜 영인 편만 든다오.

영인 두 명을 자사에 봉한다고 하던데 사실입니까?

그렇소. 문제 있나?

장수들의 대접이 영인만 못 하면 그들이 불복할까 염려됩니다!

황제인 짐이 그 정도도 마음대로 못 하겠느냐!

나 황제야!!

폐… 폐하…

이존욱이 광대 놀이에 빠져 나라가 엉망이 되자 얼마 후 반란이 일어나고 말았다.

46

위주 수비군이 조재례를 앞세워 반란을 일으켰습니다.

당장 이소영과 사언경에게 그들을 토벌하도록 명하라!

영인들에게 반란을 토벌하라니, 원.

위주

이 장군, 우리에게 죄를 추궁하지 않는다면 바로 투항하겠소!

48

투항하려던 반란군이 목숨을 걸고 싸우자 이소영은 그들을 당해내지 못하고 패주했다.

이소영마저 패했는데 누가 반란을 평정하겠느냐?

선제의 양아들 이사원李嗣源은 지혜와 용기를 겸비하여 여러 차례 공을 세웠으니 그를 파견하십시오.

할 수 없지. 그럼 그를 보내라.

이사원 군영

아군이 반란을 일으켜 위주 반군과 손잡고 이 장군님을 황제로 추대하려 합니다.

뭐랏?!

이건
모반이다.

장군님이
동의하지 않으면
뜻밖의 일을 당하실
수도 있습니다.

일단 핑계를
대고 이곳을 빠져
나가 흩어진 병사를
모은 다음 다시
생각해 보자.

이후 이사원은 사위 석경당의
설득에 자립하기로 결심했다.

나는 군대를
거느리고 남하
하여 먼저 변주로
갔다가 낙양을
칠 생각이다.

예, 장군!

이때 후당 장종은 충신들마저
모두 곁을 떠나고 반란군 손
에 죽임을 당했다.

926년, 이사원은 낙양에 입성한
후 군신들의 추대로 감국에 올랐
다가 얼마 후 황제로 등극했다.
그가 곧 후당의 명종明宗이다.

거란 황제를 아버지라 부른 석경당

933년, 이사원이 죽은 후 그의 양자인 이종가李從珂가 말제末帝로 즉위했다. 이종가가 하동절도사 석경당을 끔찍이도 시기하자 석경당은 크게 노하여 반란을 일으키기로 결심했다.

상유한, 만약 거란에 구원을 요청한다면 그들이 순순히 군대를 보내 주겠소?

취할 이익이 있다면 당연히 출병할 겁니다.

석 대인, 급하게 모반을 일으키면 우리는 결코 이종가의 적수가 되지 못합니다.

알고 있소.

거란의 야율 덕광이 돈을 좋아할까, 아니면 여자를 좋아할까?

야율덕광이 돈과 여자를 좋아 하는지는 모르겠고 땅을 그렇게 좋아한답니다.

오, 땅!

대인이 토지를 떼어 주면 거란은 필시 대인을 도울 것입니다.

야율덕광은 구원 요청을 받고 직접 석경당을 방문했다.

폐하께서 친히 납시어 석경당은 몸 둘 바를 모르 겠습니다.

쓸데없는 소리 집어치우고 일이 성사되면 연운 16주를 넘겨주게.

여부가 있겠습니까.

하하, 그대가 짐의 아들보다 말을 더 잘 듣는구나!

맘에 들어!

저는 줄곧 폐하를 제 친아버지로 여겼습니다.

그건 좀…

그럼 짐을 아버지라고 불러 봐라!

ㅋㅋ

아버지!

그까짓 거 얼마든지 불러 주마.

헉, 하란 다고 진짜 하네!

하하, 좋았어. 아주 좋아!

53

거란 황제와는 얘기가 잘됐고, 그가 날 양아들로 삼기로 했소.

그렇게 까지?

양아들?

대인이 신하를 청하는 건 괜찮지만 양아들은 좀 심했습니다. 게다가 대인의 나이가 거란 황제보다 많지 않습니까.

유지원劉知遠, 대사를 이루려면 먼저 치욕을 참는 법부터 배워야 하오!

또 금과 비단만 주어도 거란이 출병할 텐데 땅을 떼어 주다니요?

지나치십니다!

연운 16주가 거란 손에 들어가면 중원에 장차 큰 화가 미칠 것입니다!

시끄럽다!

탁!

그대들은 모두 내 측근이니 더 이상 추궁하지 않겠소. 이 일은 이렇게 마무리 짓고 더는 언급 하지 마시오!

후당의 도읍 낙양

폐하, 거란과 석경당 연합군이 이미 궁문을 넘었습니다!

뭐?!

빨리 피하지 않으면 저들 에게 잡히고 맙니다!

과연 어디로 도망칠 수 있단 말이냐!

활활~

화르륵—

이종가가 불을 질러 스스로 목숨을 끊었습니다.

하하, 이종가가 마침내 죽었구나!

56

936년, 석경당은 후당을 멸하고 후진後晉을 건국했다.

짐은 그대를 진의 황제로 봉하노라!

감사합니다, 폐하!

이제 짐을 부황이라 부르라. 그대를 아황으로 삼겠다.

예, 부황!

아황이 즉각 연운 16주를 바치고 해마다 견직물 30만 필을 조공하겠습니다.

이렇게 천혜의 병풍인 연운 16주가 거란의 손에 들어가면서 중원은 거란의 말발굽에 완전히 노출되고 말았다. 이후 연운 16주는 야율덕광이 중원을 침탈하는 전초 기지가 되어 북방은 장장 4백 년간 사회·경제적으로 심각한 피해를 입었다.

석경당 사후 즉위한 석중귀가 더 이상 거란에 종속되길 원치 않자 야율덕광은 군대를 동원해 후진을 침공했다.

947년, 후진이 멸망하고 거란은 국명을 요遼로 바꾸었으나, 중원의 각 정권이 잇달아 요에 대항하여 요는 계속 전쟁에서 패했다. 요 태종 야율덕광은 하는 수 없이 철수하였는데 도중 병에 걸려 난성에서 죽었다.

947년, 석경당의 부장 유지원이 태원에서 황제를 칭하고 후한後漢을 건립했다.

950년, 후한의 권신 곽위郭威가 반란을 일으키자 즉위한 지 얼마 안 된 은제 유승우가 토벌에 나섰다가 불행히도 난전 중에 전사했다. 하동절도사이자 은제의 삼촌인 유숭劉崇은 이 소식을 듣고 조카의 복수에 나서기로 결심했다.

유 대인, 곽위가 편지를 보내왔습니다.

오, 곽위가 내 아들 유찬을 황제로 옹립한다는구려!

결코 좋은 의도로 보이지 않습니다.

곽위는 스스로 내 적수가 아님을 알고 비위를 맞추려는 것이오.

내 아들이 황제면 나는 태상황 아니냐!

하하하

951년 정월

대인, 유찬이 곽위가 보낸 사람에게 살해되었습니다!

뭐… 뭐라?!

곽위는 이미 황제에 등극하고 후주後周를 건국했습니다.

이 가증스러운 놈!

내가 황제를 칭하고 한의 정통을 이어야 한다!

이에 유숭은 스스로 황제에 즉위하고 이름을 민으로 바꾸었다. 국호는 여전히 한이어서 이를 '북한北漢'이라고 부른다.

아군이 곽위에게 대패했으니 어찌하면 좋을꼬?

응? 응?

요나라에 군대를 빌리시면 됩니다!

요나라에?

60

만일 그들이 짐에게 아황제라 부르게 한다면 체면이 말이 아니오.

어쩌지?

고금 이래로 체면을 따지지 않는 사람이 큰 일을 이루었습니다!

그래?

한 고조 유방은 도망갈 때 말을 빨리 달리게 하려고 자신의 아들딸을 마차에서 밀어냈고,

유유는 툭하면 도박 빚을 떼먹고도 결국 황제에 올랐지요.

짐이 고분고분 할 순 있지만 부황이란 말은 차마 입에서 안 떨어질 것 같소.

그러면 요 황제를 삼촌이라 부르면 어떻겠습니까?

그 호칭이 괜찮겠네!

스스로 조카를 칭하는 것쯤이야 뭐가 대수겠어!

하 하 하

몇 달 후

옳거니! 요 황제가 날 대한의 신무황제로 책봉하고 군대를 보내 후주를 공격하기로 약속했구나.

요라는 듬직한 산이 있다면 곽위를 무찌르는 건 시간문제다!

으하하

요나라가 후주를 치는 데는 동의했지만 내정이 크게 동요하면서 번번이 후주에게 패하고 말았다. 후에 유숭은 후주에게 포위돼 병으로 죽었으며 그의 아들 유승균은 즉위 후 요에게 더욱 의지하면서 다시 한 번 아황제로 전락했다.

수리 건설에 힘쓴
해룡왕 전류

902년, 후량은 항주자사 전류를 월왕에 봉했다. 후당이 후량을 멸한 후에 전류는 다시 오월왕에 봉해졌다.

반드시 전당강의 수해를 다스려 백성을 피해에서 구제하리다!

대왕, 전당강의 조수潮水로 인해 주위 평지가 모두 물에 잠겨 백성의 피해가 심각합니다.

옛날에 이빙이 민강의 물난리를 막은 것처럼 나도 해낼 수 있을 것이오.

전당강은 민강보다 다스리기가 훨씬 어렵습니다.

이빙의 치수 방법을 참고하면 어렵지 않을 거요.

이빙의 치수 방법은 전혀 통하지 않습니다.

이빙은 민강의 물길을 둘로 나눠 수해를 줄였는데, 한쪽은 그대로 흘러가게 하고 한쪽은 성도 평원으로 물을 끌어 왔습니다.

하지만 전당강은 물살이 너무 세서 물길이 나눠지기도 전에 강물에 휩쓸릴까 걱정됩니다.

그럼 물길을 나눠 수해를 줄이는 방법 외에는 없는 것이오?

해당을 쌓는 방법이 있긴 합니다.

해당은 조수를 막게끔 물속에 건설하는 둑입니다. 초나라의 춘신군이 해당을 쌓아서 전당강의 수해를 막은 일이 있습니다.

그럼 우리도 해당을 만듭시다!

하지만 춘신군도 전당강의 수해를 다스리지 못했습니다. 그가 만든 진흙 해당이 조수에 쉽게 무너지는 바람에…

64

진흙을 돌로 바꾸면 조수의 충격을 견딜 수 있지 않겠소?

그렇군요! 전당강 주위에 큰 산이 있으니 돌을 얻기도 쉽습니다.

가능한 방안을 생각해 조속히 공사에 들어 가시오!

전당강

웃샤

웃샤

돌을 대나무로 짠 큰 함에 담고 물속에 넣어 해당을 쌓은 다음 앞뒤로 나무 말뚝을 박아 고정시켰습니다.

좋소.

해신이 보우하사 하루빨리 수해가 해결되길 바라야지.

이제 무탈을 기원하는 제사만 올리면 끝나는 구나!

대왕 이시다!

전당강의 해당이 완공됐다! 이곳에서 경축 행사를 열어 해신에게 제사를 지내자!

다다다

척!

척!

척!

발사!

신령이시여, 이 붉은
화살로 괴물을 쏘아 맞히사
바다를 어지럽히는 괴물이
함부로 날뛰지 못하게 해
주시옵소서. 원컨대 해신
께서 저를 꼭 도와주시기
바라옵니다!

대왕의 진심
이 그대로
느껴지는군.

해신이 분명
대왕의 진심에
감동했을 거야.

해신에게 제사를 드리는 행사가 이제 다 끝났구나. 너무 피곤하다!

하루가 여삼추 같구나!

참, 친정에 간 왕비는 아직도 돌아오지 않았느냐?

지체되는 듯합니다.

왕비에게 당장 돌아오라고 편지를 써야 겠다!

길가에 꽃이 만발하니 천천히 구경하고 돌아오시오.

왕비마마께 빨리 돌아오라고 재촉하신다더니 왜 편지에는 천천히 오라고 쓰십니까?

붓을 드니까 차마 재촉할 수 없어서 나도 모르게 이렇게 썼군.

정말 영웅은 미녀의 관문을 넘기 어렵군요.

하하핫!

얼마 후

대왕······

훌쩍

왜 우는 거요?
천천히 오라고
하지 않았소?

대왕의 편지를
읽고 머릿속이 온통
대왕 생각뿐인데
꽃을 구경할 여유가
있겠어요?

흐뭇

다음에 같이
꽃구경이나
갑시다!

어디로 갈
거예요?

고향으로
갑시다.
꽃이 정말
아름답소!

저도 고향에
안 간 지 오래
됐네요.

70

오월왕 부부는 시간을 내 고향 방문 길에 올랐다.

옛날에 임안성에서 백수로 지내며 어제는 공밥을 먹고 오늘은 패싸움하던 기억이 나는구려.

나중에 집에 먹을 것이 없어서 몰래 소금을 파는 짓도 했었고.

먹고 살기 힘들었지…

젊었을 때 철이 없었군요. 하긴 한고조 유방도 한때 건달이었지요.

쑥스럽구려.

후에 내가 성공 해서 고향에 돌아 오자 그때 날 깔보던 사람들이 놀라서 내게 모두 무릎을 꿇었소.

71

그들에게 복수하지는 않았나요?

당연히 아니오.

하찮은 원한도 반드시 갚는 사람은 큰일을 이룰 수 없소. 난 잘못을 범하지 않기 위해 하루에 세 번씩 날 돌아봤소!

또 향락을 탐내는 마음을 막기 위해 특별히 베개로 스스로를 일깨우기도 했소.

베개로요?

잠잘 때 머리가 조금이라도 움직이면 회전하는 베개요.

자나 깨나 스스로를 일깨워 나 자신을 채찍질하는 방법이라오.

당신이 편안할 때도 위험을 잊지 않는 걸 몰랐어요.

멋져~

그뿐이 아니고 평복 차림으로 민간에 나가 살피기도 한다오.

난 대왕을 곁에서 모시는 시위인데 급한 일이 있으니 성문을 좀 열어 주시오!

날 못 알아 보겠지?

지금은 통금 시간이라 성문을 열 수 없소.

에이~ 융통성을 좀 발휘하시지요.

포기하는 게 좋을 거요. 대왕이 앞에 계신다 해도 절대 성문을 열지 않을 테니!

단호

네?! 어젯밤에 그 시위가 대왕이시라고요?

설마…

나 맞거든!

자신의 직무를 완벽히 수행한 그대에게 상을 내리겠다!

감사합니다, 대왕!

모든 관원이 그대처럼 성실하다면 나라를 다스리는 데 무슨 걱정이 있겠소?

오월은 전류의 통치 아래 전성기를 맞이했다. 수재를 다스린 그의 탁월한 업적을 기려 사람들은 그를 신화 속에서 비바람을 관장한 '해룡왕海龍王'이라 불렀다.

10명의 군주를 섬긴 오뚝이 풍도

오대십국 시기에는 왕조가 자주 교체되어 관원들이 자리에 적응하기도 전에 나라가 멸망해 관직을 잃는 일이 빈번했다.

하지만 풍도라는 인물은 누가 황제에 오르든 관직을 잃지 않음은 물론 도리어 관직이 점점 더 높아졌다.

경들 중 누가 자진해서 거란에 사신으로 가겠소?

거란인은 미개한데 누가 호랑이굴에 들어가는 짓을 하겠어?

석경당

왜 갑자기 다들 벙어리가 된 것이오!

신이 거란에 사신으로 가겠습니다.

풍도가 진정한 대인이구려!

하지만 거란 황제의 성격이 괴팍하니 조심해야 할 거요.

신 사명을 욕되게 하지 않겠습니다!

거란 진영

풍도, 그대 같은 인재를 놓치기 아깝다. 이곳에 남아 관직을 맡아라.

네?!

야율덕광이 날 인질로 잡으려는 심산이군.

76

왜 아무 말도 없는 건가? 설마 원하지 않는 것이냐?

그럴 리가 있겠습니까.

좋다, 그렇다면 거란에 남아라!

우리 폐하가 황제의 양아들이니 모두 저의 군주이십니다. 기꺼이 황제를 위해 충성을 다하겠습니다!

일단 시간을 벌자…

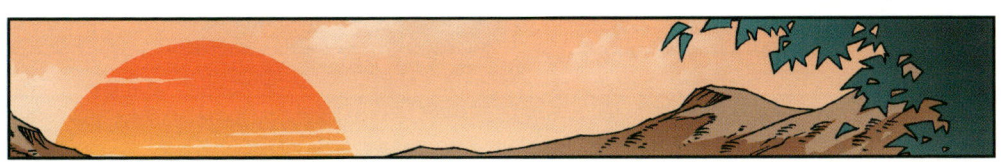

이 하인을 이용해 거란 황제에게 내 뜻을 전달해야 돼.

상자 안의 금은 보화를 모두 땔나무와 숯으로 바꿔 와라.

예!

그런데 이 많은 땔나무와 숯은 어디에 쓰시게요?

이 나이에 북방의 추운 겨울을 나려면 몸을 따뜻하게 해 줄 것이 필요하다.

헤헤, 야율덕광이 이 일을 알게 되면 날 측은하게 생각해 중원으로 돌려보낼 거야.

그대가 남방에서 왔다는 사실을 짐이 깜빡했군. 아무래도 거란에서 겨울을 나기는 어렵겠지?

내 꾀가 먹히는 건가!

폐하의 관심에 감사드립니다. 노신은 땔나무와 숯을 많이 준비해 거란의 겨울이 두렵지 않습니다!

노인에게 거란의 혹독한 겨울을 나게 하는 건 옳은 일이 아니야.

짐은 그런 오명을 쓰기 싫다.

오랜 고민 끝에 그대를 중원으로 돌려보내기로 결정했다.

감사합니다, 폐하!

다들 말에 채찍질을 가해 중원으로 돌아가는데 대인은 어찌 느릿느릿 가십니까?

빨리 간다는 것은 돌아가고 싶은 마음이 굴뚝같음을 뜻한다. 그러면 거란 황제는 내가 땔나무와 숯을 비축한 행동이 거짓임을 눈치챌 것이다.

아~

천천히 가야 거란 황제가 날 의심하지 않을 거다.

대인께서는 정말 빈틈이 없으십니다.

훗날 거란은 후진을 멸하고 국명을 요로 바꾸었다. 요 태종 야율덕광이 개봉성에 들어가자 풍도는 항복한 신하의 신분으로 야율덕광을 맞이했다.

신 풍도 폐하를 뵙습니다!

쟨 계속 나타나네.

그대는 본래 후당의 신하였다가 후당이 망한 후 후진을 섬겼고 이제 짐에게까지 왔느냐?

정말 철두철미한 기회주의자구나!

지금은 무슨 자격으로 짐에게 빌붙는 것이냐?

그때 폐하께서 신을 인재라고 말씀하셨으니 나라를 위해 일할 기회를 주십시오.

지나간 일을 들추니까 내가 외려 일관성이 없는 것 같군. 빠져 나갈 구멍을 만들어 놓자.

그대는 재주만 있고 덕이 없는데 짐이 잠깐 인재라고 착각했다.

말을 바꾸신다?

그렇게까지 봐 주시다니요. 신은 기껏해야 재주도 덕도 없는 완고한 노인네에 불과합니다.

거 참! 하하하!

자신을 정확히 알고 있는 그대를 중용하기로 결정했다!

내일부터 요나라의 태부로 일하라!

감사합니다, 폐하!

대박!

한편 중원을 침범한 거란은 날마다 백성을 죽이고 재물을 약탈해 원성이 매우 높았다.

사람 살려!

큰일이군. 고통받는 백성을 구할 방법을 찾아야겠어!

82

짐이 한족의 토지를 얻었지만 그들의 지지를 얻지는 못했소.

한족의 지지를 얻는 방법은 실로 간단합니다.

백성은 끊임없이 살인과 약탈을 저지르는 병사들을 극도로 증오합니다. 병사들의 이런 행위를 금한다면 백성의 지지는 당연히 따라올 겁니다.

태부의 말이 지극히 옳소!

모든 장수들에게 수하 사병을 단단히 단속하고, 법을 어기는 자는 참하라고 명하시오!

명에 따르겠나이다!

요군이 공개적으로 살인과 약탈을 저지르지는 않지만 암암리에 한족 부녀자를 잡아가고 있소이다.

휴, 우리가 요군에게 이렇게 눈뜨고 당할 줄이야!

답답—

저들이 재물을 탐하니 돈으로 그녀들을 되찾아 와야겠소.

돈은 모을 수 있지만 누가 요군과 담판을 짓고 그녀들을 데려온단 말이오?

내가 요군 장수들과 잘 아니 내가 맡겠소.

그런데 구출한 부녀자들이 지낼 장소가 마땅치 않습니다.

비구니 절에 객방이 많아서 충분히 수용할 수 있소.

황제가 불교를 숭상해서 병사들이 절에 함부로 접근하기 어려우니 그곳이라면 안전할 거요.

대인은 정말 주도면밀 하시구려!

풍 대인, 제가 부녀자들을 대신해 감사드리리다!

과찬이 시오!

풍도가 비록 요에 투항했지만 백성을 위해 좋은 일을 많이 하는구나.

대인, 폐하께서 철군한다고 급히 짐을 싸 며칠 후 함께 상산으로 가자 하십니다.

이런, 부녀자들을 아직 구하지도 못했는데!

지금 당장 요군 장수를 찾아가 부녀자들을 데려오리다!

아직 돈도 마련되지 않았는데.

그 정도 돈은 내가 댈 수 있소!

풍도는 난세에 자신은 물론 남까지 구하는 훌륭한 업적을 남겼다. 훗날 풍도는 후한의 태사, 후주의 중서령을 맡아 일생 동안 황제 10명을 모셨다. 그래서 사람들은 그를 '오뚝이'라고 불렀다.

곽위가 후주를
건국하다

948년, 후한을 건국한 유지원이 죽고 그의 아들 유승우劉承祐가 은제隱帝로 즉위했다. 그는 자신의 권력 강화를 위해 개국공신을 모두 제거하려고 했다.

곽숭위, 천웅 군절도사 곽위를 몰래 제거하시오.

명에 따르겠습니다!

시위보군 지휘사 왕은 제거는 이홍의가 맡으시오!

신, 명에 따르겠습니다!

하필 나야…

하지만 이홍의는 감히 손을 쓰지 못한 채 밀지를 왕은에게 건넸다. 왕은은 즉각 곽위에게 사람을 보내 편지를 전달했다.

조정에 충성을 다한 결과가 고작 이런 것이란 말이냐. 아, 무섭구나!

곽 대인, 업도 행영마군도 지휘사 곽숭위가 뵙기를 청합니다!

날 죽이려는 자가 왔구나.

화를 면할 길이 없으니 눈 딱 감고 한번 만나 보자.

이건 폐하가 그대를 죽이라고 내게 내린 조령이오.

허나 나는 이런 무자비한 명령을 받들지 않을 거요.

그럼 나를 살려 준단 건가?

나를 놓아 주면 폐하의 문책이 있을 텐데 두렵지 않소?

두려웠다면 곽 대인에게 알리지도 않았을 거요!

차라리 모반을 일으키십시오! 대인이 살 길은 그것뿐입니다.

모반은 중대한 일이니 좀 더 생각해 보리다.

위인포, 내가 어찌하는 게 가장 좋겠소?

곽숭위의 말대로 모반을 일으켜야 합니다!

모반은 구족을 멸할 대죄요. 병사들이 가족의 안전을 걱정해 날 따르지 않을까 염려되오.

전혀 염려 하실 필요 없습니다.

이렇게 하시면……

속닥

오, 좋은 생각이오!

집합 신호다!

웬 집합?!

둥둥—

한밤중에 너희들을 소집한 것은 어쩔 수 없는 일 때문이다!

나는 오늘 전체 사병을 죽이라는 폐하의 조령을 받았다.

하지만 너희들은 나와 생사를 같이한 형제와 같아 차마 죽일 수 없으니 다들 빨리 달아나라!

91

곽 대인이 군명을 어기고 우리를 풀어 주면 폐하는 분명 대인을 죽일 거야.

우리가 어떻게 곽 대인을 버리고 삶을 도모하겠나?

간신들을 처단하자!

폐하가 공이 있는 자를 죽이려는 것은 소인들이 장난을 쳤기 때문이다!

곽 대인에게 폐하 곁의 간신들을 깨끗이 제거하자고 청하자!

좋다. 내 너희들을 이끌고 도성에 가 폐하께 정의를 실현하라고 청하겠다!

후한의 도읍 변량

폐하, 큰일 났습니다! 곽위가 모반을 일으켜 도성으로 쳐들어옵니다!

뭐라고?

92

즉각 군대를 소집해 저들을 막아라!

예!

그리고 도성에 있는 곽위의 가솔을 모두 죽여 버려라!

활주

송연악, 활주절도 사인 그대는 왜 나를 막지 않고 성문을 열어 투항했소?

곽 대인, 당연한 걸 물어 보시는구려.

폐하가 즉위한 지 얼마 안 돼 공신을 모두 죽였소. 이런 폭군을 위해 목숨을 바칠 수는 없는 일 아니오?

송 대인, 방금 도착한 급보 입니다.

맙소사!

페하가 곽 대인의 가솔을 모두 처형했다 는군요.

뭐요?

내 반드시 이 살인마를 죽이고 말겠다!

곽위의 군대는 도중에 아무런 저항도 받지 않고 금세 도성에서 50리도 떨어지지 않은 봉구에 도착했다.

후한 은제는 연주절도사 모용언초를 보내 곽위를 막게 하고 직접 군대를 독려했지만, 곽위의 군대에게 대패하여 난군 중에 비참하게 전사했다.

암군 유승우가 죽었으니 누구를 새 황제로 세워야 하겠소?

유승훈은 약골이라 황제에 적합하지 않으니 유찬을 옹립합시다. 새 황제가 등극하기 전까지 조정 대사는 태후에게 맡겨야겠소.

신중

개봉윤 유승훈은 유지원의 친자이고 무녕절도사 유찬은 유지원의 양아들이니 대인이 둘 중 하나를 골라 황제로 삼으십시오.

풍도 대인이 서주로 가서 무녕절도사 유찬을 모셔 와 주십시오.

그거야 어렵지 않소만 ……

진심으로 무녕절도사를 황제로 추대하는 것입니까?

천지신명께 맹세하오. 조금이라도 거짓이 있다면 내세에 족제비로 태어날 것이오.

대인의 뜻을 알았으니 내일 서주로 가서 새 황제를 모셔 오리다.

풍도가 유찬을 모시러 간 사이 태후가 조정 대사를 맡아 처리했다.

거란이 우리 변경을 침입해 이미 안평과 속록을 점령했소.

태후마마, 신이 거란의 침입을 막겠습니다.

좋소. 그럼 곽위 대인이 수고해 주시오.

다다다

우리가 황제를 죽였는데 유씨가 다시 황제가 되면 조만간 우리를 죽이려 들지 않을까?

불안해

차라리 곽 대인을 황제로 옹립하는 게 가장 안전하겠어!

좋은 생각이야!

곽 대인, 황제에 오르십시오!

황제에 오르십시오!

97

저희가 대인을 황제로 옹립하려 합니다!

무슨 일인데 이리 시끄러우냐?

함부로 그런 말 하지 말게나!

용포를 입혀 드리면 빼도 박도 못 하실 거야.

허나, 용포가 어디 있소?

군기로 대체하자. 황금색에다가 용 그림이 새겨져 있잖아!

뭇 장수들의 지지 아래 곽위는 황제를 칭하고 사람을 보내 새 황제 유찬을 죽인 다음 국명을 주로 바꿨다. 역사에서는 이를 후주라 부른다.

후주 태조 곽위는 악정을 개혁하여 당말 이래로 극히 혼란에 빠진 북방 사회를 안정의 길로 이끌었다.

신하의 의견을 경청한 명군 시영

954년, 후주 태조 곽위가 병사하고 양자인 시영이 세종으로 즉위했다.

경들은 "군사란 정예한 것이 귀하지, 많은 것을 귀히 여기지 않는다"는 말을 알고 있소?

예, 알고 있습니다!

금군에 퇴역해야 할 노병들이 놀면서 녹봉을 받고 아무리 쫓아내도 나가지 않는다고 들었소.

싸울 때는 사라지고, 상을 내릴 때는 누구보다 손을 길게 뻗는데

이런 자들은 돈이 최고요, 싸움은 뒷전이니 남겨 둔들 무슨 소용이 있겠소?

하지만 노병 퇴역 후 전쟁 경험이 없는 신병을 모집하면 이 또한 문제입니다.

지방의 정예병을 차출하면 해결되지 않소? 이렇게 해야 금군의 실력이 강해지고 지방의 병력도 약화시킬 수 있소.

지방의 정예병을 모두 금군으로 보내라는 영을 내리시오!

예, 폐하!

조광윤을 전전 도우후에 임명하니 금군을 책임지고 관리하라!

신 폐하의 명을 받들겠습니다!

제자리에 서!

금군의 대오가 정연하고 위용이 넘쳐 전보다 훨씬 더 강해 보이는구려.

조 장군이 금군 사병들을 세심하게 선발해 전투력이 매우 강합니다.

세상 어디에도 이들의 적수는 없을 것입니다.

101

기병대와 보병 대의 장수들에게 금군의 선발 기준에 따라 사병을 모집 하라고 명하시오!

예, 폐하!

이번 군사 개혁 을 통해 자격 미달 사병을 성공적으로 정리했습니다.

오~ 잘됐구나.

그 노병들은 밭가는 데 동원하면 황무지 개간에 도움이 될 것입니다.

좋다!

조광윤, 이번 군사 개혁에 큰 공을 세웠으니 짐이 상을 내리겠다.

신은 본분을 다한 것뿐인데 공로라니요?

102

신상필벌*의 원칙에 따른 것이니 그대는 겸손해하지 말라!

그리고 틈날 때마다 짐의 부족한 점을 일깨워 주도록 하거라.

예, 폐하!

폐하께선 종종 신분이 미천한 평민이라도 발탁하시더군요.

장소, 그대가 눈치챘구려.

* 신상필벌信賞必罰
  공이 있는 자에게는 반드시 상을 주고 죄를 범한 자에게는 벌을 줌.

신도 개인의 능력이 신분과 절대적인 관계는 없다고 생각합니다만

역차별인 듯!

폐하는 신분이 높은 사람을 너무 불공평하게 대하십니다.

폐하, 큰일 났습니다!

헐레

벌떡

무슨 일이냐?

우습유 조수미의 가족이 황궁 밖에 엎드려 폐하를 뵙게 해 달라고 난리입니다!

뭐?!

시영은 조수미의 가족을 궁으로 불러 자초지종을 물었다.

저는 조수미의 애비고, 이 아인 조수미의 처 입니다.

이혼장이 있느냐?

있습니다!

아들 놈이 하는 일이 없을 때는 며느리가 농사일을 하며 가족을 먹여 살렸습니다.

그런데 벼슬을 얻자 처를 버리고 새 장가를 들었 습니다.

음…

법률에 칠거지 악을 범해야 본처를 내칠 수 있다고 나와 있는데, 저는 잘못을 저지르지 않았 습니다.

법률대로라면 며느리를 내쳐 서는 안 되니

아들놈이 다른 여자에게 장가든 건 중혼죄에 해당합니다.

폐하께서 그에게 벌을 내려 주십시오!

조수미가 이런 인간인 줄 꿈에도 몰랐구나!

당장 조수미를 파면하고 곤장 백 대를 때린 다음 사문도로 귀양 보내라!

황공합니다, 폐하!

장소, 오늘 그대의 말은 잘 새겨 들었소.

일전에 조수미가 상소를 올렸는데 문장력이 너무 좋아 바로 우습유에 임명했소.

그가 어떤 사람인지 알아보지 않으셨나요?

출신이 미천해도 능력이 있어 좋은 사람인 줄로만 알았소.

출신이 미천한 신하 중에는 유자, 마주처럼 충신도 있고, 유찬, 주박처럼 간신도 있습니다.

개인의 품행과 신분은 직접적인 관계가 전혀 없습니다.

사람을 불공평하게 대하지 마시라는 뜻에서 이런 말씀을 드린 것입니다.

그대 말이 맞소!

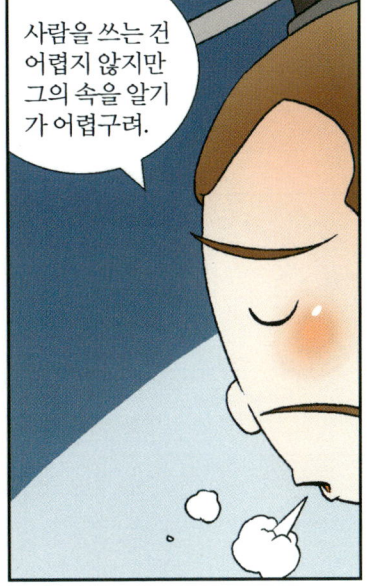

사람을 쓰는 건 어렵지 않지만 그의 속을 알기가 어렵구려.

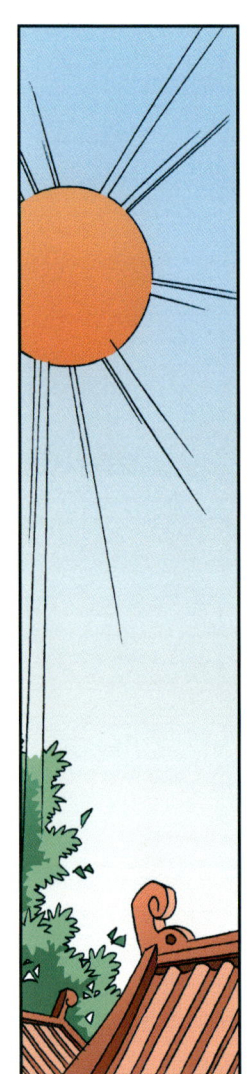

당 말기 이래로 중원에 단명한 4개 왕조가 잇달아 출현했는데, 경들은 이에 대해 어찌 생각하시오?

이런 상황이 나타난 이유는 대신들이 뇌물을 받고 법을 어겨 통치가 엉망이 됐기 때문입니다.

맞는 말이지만 가장 중요한 것을 빼먹었소!

네?

당 태종은 어진 신하를 중용하고 그들의 의견을 존중해 위징, 방현령 같은 명신이 나왔습니다.

폐하도 차별 없이 인재를 등용하고 신하의 의견을 경청하면 나라의 성군이 되실 겁니다.

암~ 백번 옳은 소리.

짐이 당 태종을 가장 숭배하니 잘 배우도록 하겠소.

짐은 그대들이 성실하게 나라를 잘 다스려 주길 바라오!

폐하의 기대를 결코 저버리지 않겠습니다!

주 세종이 치국에 온 힘을 쏟아 부어 후주는 점차 천하를 평정하고 성세를 열어 갈 실력을 갖추게 되었다. 하지만 안타깝게도 세종은 피로 누적으로 쓰러져 젊은 나이에 세상을 떠나고 말았다.

「한희재야연도」에 담긴 의미

937년, 서지고徐知誥는 이름을 이변李昪으로 바꾸고 남당南唐을 건국했다.

이욱*은 남당의 3대 군주로 이후주李後主라고도 부른다.

폐하, 대리시에서 새로 수감한 죄인 명단입니다.

극악무도한 죄인을 제외하고 나머지는 모두 사면하시오.

가벼운 죄라고 처벌하지 않으면 백성에게 범죄를 조장할까 우려됩니다.

* 이욱李煜
　남당의 마지막 황제. 정치적으로는 무능했지만 시와 그림 등 예술 방면에서는 뛰어난 작품을 많이 남겼다.

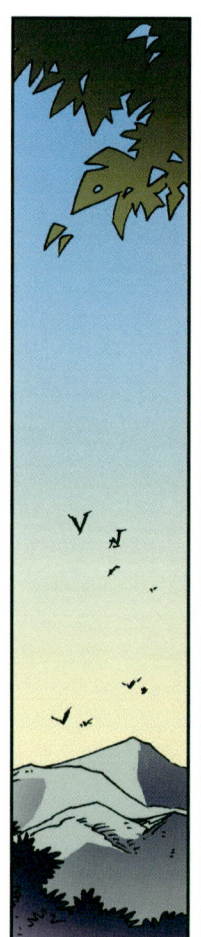

어찌 아무 이유 없이 죄인을 마구 풀어줄 수 있겠습니까?

사법 업무는 대리시 관할이니, 관여치 마시고 3백만 관을 군비에 충당한 폐하의 결정부터 철회 하십시오!

짐은 원하는 건 무엇이든 할 수 있는 황제다!

한희재, 감히 짐의 말에 토를 다느냐!

한희재는 이욱에게 직언을 아끼지 않고 그의 투쟁심을 불러일으켜 천하 통일의 대업을 이루려는 포부를 가졌다.

북벌을 감행해 천하를 취할 때가 왔습니다.

북벌?

아직 안 되오. 우리는 북방 군대의 적수가 못 되니 북벌에 나서면 헛되이 목숨을 잃을 뿐이오.

음, 이렇게 그냥 안주할 생각이군.

쯧쯧

도와 봐야 소용없는 무능한 군주로다!

아, 가슴 가득 품었던 열정이 수포로 돌아가고 마는구나!

허망ㅡ

남당의 국세가 기울어 멸망이 멀지 않았다.

한희재의 야망이 꺾인 지 얼마 되지 않은 어느 날……

한 대인, 축하 드립니다!

축하 라니요?

114

폐하가 대인을 승상에 임명한 다고 합니다.

명군을 모시지 못하는 승상이 무슨 필요가 있겠어?

흥!

자, 다들 한 잔 합시다!

건배!

드시죠.

115

헌데 술만 마시자니 좀 심심합니다.

그럼 노래를 듣는 건 어떻겠소?

좋습니다!

칠월 초이레 장생전에 인적 없는 깊은 밤 속삭이던 말, 하늘에서는 비익조*가 되고 땅에서는 연리지**가 되리.

멋진 노래다. 한 곡 더 불러 보아라!

그래, 이참에 음주가무에 빠져서 나에 대한 폐하의 기대를 단념시키자.

* 비익조比翼鳥
  암컷과 수컷의 눈과 날개가 하나씩이어서 짝을 짓지 아니하면 날지 못한다는 전설상의 새.
** 연리지連理枝
  두 나무의 가지가 서로 맞닿아서 결이 서로 통한 것.

한희재가 조정에 나오지 않고 매일 집에서 연회를 열고 있습니다.

이상하네. 한희재는 줄곧 가슴에 큰 뜻을 품었는데 왜 갑자기 이렇게 방탕해졌지?

한희재가 연회를 구실로 몰래 음모를 꾸며 짐의 통치를 뒤엎으려는 것이 분명하다!

고굉중, 그대는 한희재의 연회에 참석해 그가 무슨 꿍꿍이를 꾸미는지 잘 관찰하시오.

옙.

그리고 연회가 끝난 후 그 광경을 그림으로 그려 오시오.

예, 폐하!

그림을 보면 확실히 단서를 찾아낼 수 있을 거야.

기다려 보자~

고굉중은 한희재의 연회에 참석해 광경 하나하나를 세밀히 관찰했다.

좋구나~

정말 훌륭한 연주다!

비파 연주가 끝났으니 춤을 감상합시다!

좋습니다!

천상의 음악이 인간 세상에 내려왔구나!

과찬이십니다, 대인!

아함, 연회가 드디어 끝났구나.

피곤 피곤

졸려 죽겠는데 밤새 한희재의 연회 광경을 그려야 되다니.

한희재의 연회
그림은 완성
했소?

이것이 제가
그린 야연도
입니다.

한 대인의
연회는 총 5부로
이루어졌고,
광경이 각기
달랐습니다.

신이 각 광경을
그리고 병풍으로
그것들을 구분해
놓았습니다.

120

병풍이 그림에서 도드라지지 않으면서도 장면을 잘 구분지어 놓았구나!

정말 영특하게 잘 그렸구려!

그림을 보니 한희재는 확실히 가무 감상에 빠져 있을 뿐 어떤 꿍꿍이도 보이지 않는군.

신도 그렇게 느꼈습니다.

그가 딴마음을 품지 않았다지만 이런 방탕한 생활을 좌시할 수는 없다!

이 그림을 한번 보시오!

조정 대신이라는 자가 정사를 내팽개 치고 매일 가무와 여색에 빠져 있다니, 실망이오, 실망!

흥!

신의 연회가 궁중보다 호화 로워 질투하시 는 겝니까?

참석하고 싶다면 직접 말씀하시면 될 것을 어찌 빙빙 돌려 말하십니까?

뭐라?! 이……

한희재는 결코 이욱의 권고를 받아들 이지 않고 여전히 제멋대로 행동했다. 이욱은 하는 수 없이 그를 승상에 임명 하려던 계획을 포기했다.

「한희재야연도」는 중국 인물화의 대표작으로 현 재 북경 고궁박물원에 소장되어 있다.

북송

인물소개

조광윤趙匡胤

송 태조. 북송北宋 왕조를
건국했다. 오대십국으로
분열된 중국을 거의 통일한 후
무인 정치를 폐하고
문치주의를 확립했다.

조광의趙匡義

송 태종. 조광윤의
동생으로 후에 이름을
조광의趙光義로 바꾸었다.
중국 전역을 통일하여
형과 함께 송나라의
기초를 다졌다.

이욱李煜

오대십국시대 남당의
군주로 이후주李後主라고도
부른다. 정치력은 무능했지만
문학적 재주가 뛰어났다.
천고의 걸작인 「우미인虞美人」
등의 사詞를 남겼다.

조보趙普

북송 초기의 재상.
지략이 뛰어났지만
공부를 게을리 해
조광윤에게 『논어』를
읽으라는 권유를 받았다.
반 권의 『논어』로 천하를
다스린 것으로 유명하다.

서현徐鉉

오대와 북송 초의
문학가이자 서예가.
남당이 멸망하자 이욱을
따라 송에 투항했다.
서예에 능해 많은
작품을 남겼다.

양업楊業
본명은 중귀重貴로
북송의 명장이다.
적은 군사로 거란의
10만 대군을 물리쳐
'양무적'이라 불렸다.
북벌 도중 거란에 포로로
잡혔지만 항복하지 않고
굶어 죽었다.

범중엄范仲淹
북송의 유명한 정치가,
사상가, 문학가이다.
성품이 강직하고 청렴
했으며 개혁을 주도
하고 백성을 자상하게
보살폈다.

구준寇準
북송의 정치가이자 시인.
진종 때 재상에 올랐다.
거란이 남하해 송을 침공
하자 진종에게 친정을 주장
하고 남쪽 천도를 반대했다.
후에 요군 선봉장 소달름을
화살로 쏴 죽이고 '전연澶淵의
맹약'을 맺었다.

조항趙恒
송 진종眞宗.
태종의 셋째 아들로
나라를 잘 다스려
사회·경제가 번창했다.
요가 침입하자 평화를
지키기 위해 '전연澶淵의
맹약'을 맺었다.

적청狄靑
북송의 유명한 무장.
출신이 미천하고
얼굴에 죄수 문신이
있었지만 전투에 능했다.
서하와의 전쟁에서
혁혁한 공을 세웠다.

시대별 지도
- 북송
北宋

요 遼

상경 上京

연운 16주

서하 西夏
흥경부 興慶府

변경 汴京
응천부 應天府
금릉 金陵

북송 北宋

토번 吐蕃

경서 京西남로
강릉 江陵
임안 臨安

성도 成都

강남 江南서로

대리 大理

광주 廣州

송을 건국한 조광윤

조광윤은 후주 세종 때 전전도점검에 임명돼 후주의 최정예 부대인 금군을 통솔했다. 세종 사후에 즉위한 주 공제恭帝의 나이가 어려 권신들은 조광윤에게 제위 찬탈의 뜻을 전했다.

금군이 형님 손에 있으니 호령 한마디면 황위를 차지할 수 있습니다.

그게……

광의야, 날 위한 마음은 알겠다만 세종 황제의 시신이 식기도 전에 차마 그럴 수는 없다.

형님!

좀 더 시간을 다오.

안절

부절

어떻게 됐나?

형님이 결정을 못 내리셔.

그럼 내가 가 봄세.

조보, 자네만 믿네!

130

그대도 날 설득하러 왔는가?

설득이 아닙니다.

전 장군을 구해 드리러 왔습니다.

날 구해?

당 말기 이래로 황위를 빼앗은 장수가 적었습니까?

아니, 많았지.

그래서 장군이 위험하다는 겁니다. 지금 장군이 대권을 쥐고 있어서 시기하는 사람이 아주 많습니다.

아무리 충성을 다해도 사람들은 장군을 험담할 테죠.

솔깃

131

황제의 나이가 어려 분별력이 없기 때문에 비참한 일을 당할 수도 있습니다.

듣고 보니 그렇군. 그럼 어찌해야 하나?

모반 외에 다른 길이 없습니다.

황위를 빼앗은 다음 주 황족을 잘 대우한다면 다른 말이 나오지 않을 것입니다.

형님, 석수신과 왕심기 장군을 데려왔습니다.

도성의 군대가 저희 손에 있으니 장군은 주저하지 마십시오.

저희는 장군을 지지합니다.

좋다.
함께 대업을
이루자!

제가 먼저 거란이
침입했다고 가짜
정보를 흘린 다음
이렇게……

쫑긋

조광윤 무리는 일련의 계책을 수립한 후 본격적인 행동 개시에 들어갔다.

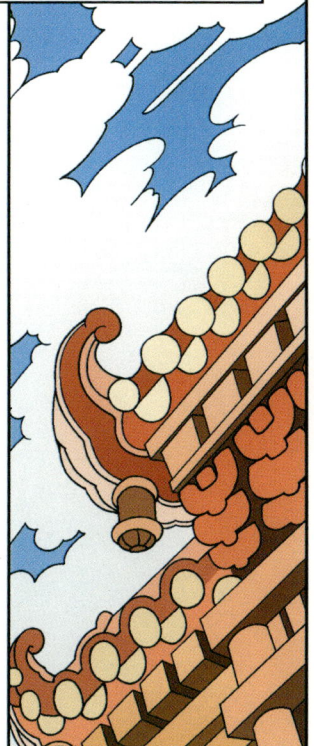

거란과 북한이
연합해 쳐들어
온다니 대책을
말해 보시오.

때가
왔다!

너무 염려 마십
시오. 금군 대장
조광윤에게 막게
하면 됩니다.

요즘 도성에 조광윤이 황위 찬탈 음모를 꾸민다는 소문이 돌고 있습니다. 장수를 교체하심이 마땅합니다.

충성심 강한 조 장군을 모독하지 마시오!

전 그냥…

좋소. 그럼 조 장군을 보내시오.

예, 폐하!

Yeah~

다 다 다

조보, 준비는 다 됐나?

134

걱정 말라고. 심복들을 군대에 보내 유언비어를 퍼뜨려 놨으니.

난 황포까지 준비했네. 이번 계획은 절대 실패해선 안 돼.

조광윤의 군영

폐하의 나이가 너무 어려서 사병들의 고충을 몰라도 한참 모른다고.

우리가 공을 세운다고 폐하가 과연 상을 내릴까?

조 장군이 황제가 되면 좋을 텐데……

그런 소리 말게. 목이 달아난다고!

뭐가 두렵나? 난 조 장군이 황제가 되길 바라네!

나도 조 장군을 지지하네!

어? 다들 왜 그래?

먼저 조광의와 조보를 찾아가 지지를 청하자!

가자!

여차 저차

이러쿵 저러쿵

조 장군이 황제에 오르는 데 두 분도 지지해 주십시오!

순조롭구나.

다들 형님을 지지해 주신 데에 진심으로 감사 드리오.

모두 조 장군을 찾아가서 꼭 응낙을 받아냅시다!

좋습니다!

후다닥

드르렁~

형님, 빨리 일어나세요!

무슨 일이 났느냐?

만세!

이것이 뭘 의미하는지 아느냐?

나라가 내우 외환에 빠졌는데 황제가 어려 국면을 다스릴 수 없으니 장군이 황제에 오르십시오!

이…이건 모반이다!

대업이죠!

어…어?!

뭐하는 짓이냐?

잘 어울리시네요.

이미 황포를 입으셔서 되돌릴 수도 없습니다.

성공!

아… 결국 이것이 나의 길인가.

그대들이 날 황제로 세운 만큼 내 명령을 무조건 따르겠느냐?

당연합니다!

도성에 도착하면 폐하를 잘 모시고 대신들과 백성을 괴롭히지 마라!

예!

후주의 도성

저기 봐, 조 장군이 돌아온다!

어디?

대부분의 장수가 조광윤을 지지하자 주 공제는 하는 수 없이 황위에서 물러났다. 960년, 조광윤은 즉위 후 나라 이름을 송으로 바꾸고 태조에 올랐다.

한잔 술로 병권을 내놓게 하다

조광윤이 비록 황제에 올랐지만 천하는 아직 안정되지 않았다. 남방에는 여전히 할거 세력이 많았고 북방에는 거란과 북한이 있었으며 송나라 내에서도 자주 반란이 일어나 걱정이 가득했다.

어마마마, 문안 올립니다.

매일 공무로 바쁠 텐데 아직도 날 찾아올 시간이 있소?

어찌 그리 말씀하십니까? 아들로서 당연히…

폐하의 효심은 충분히 알았으니 가서 공무에 열중하세요.

어서, 어서요.

예……

아드님이 황제가 됐는데 기쁘지 않으십니까?

황제가 무슨 좋은 자리라고……

나라가 잘 다스려지지 않으면 난리가 일어나 평민이 되고 싶어도 되지 못하는 자리 아니냐!

휴…

국사로 머리가 아팠던 조광윤은 조보를 불러 신세를 한탄했다.

많은 사람들이 반대하는 걸 보니 짐은 좋은 황제가 아닌가 보오.

142

나라가 어지러운
건 폐하의 잘못이
아니라 번진 세력이
너무 크기 때문
입니다.

번진이 막강한
군대를 보유하여
조정도 그들을 통제할
수 없다 보니 혼란이
생기는 겁니다.

고로 병권을 조정
으로 모으면 천하는
태평해질 것
입니다.

그래, 번진에게
병권이 없다면
함부로 덤비지
못할 거야!

그럼 번진의
군권을 약화시킬
방법을 찾아
봐야겠군.

석수신과
왕심기가 금군을
장악하여 군권이
크니 먼저 그들을
손보십시오.

엥?

그들은
번진이
아니잖소?

143

또 짐이 즉위하는 데 큰 공을 세워서 반란을 일으킬 리 없소.

신은 그들이 모반할까 염려하는 게 아닙니다.

그럼 뭘 걱정하시오?

그들은 부하 장수를 통제할 능력이 부족해 만일 그들 수하 중에 황포를 몸에 걸치는 일이 재연된다면 큰일입니다.

이에 조광윤은 장수들의 병권을 빼앗을 계획을 세우고 성대한 연회를 베풀었다.

다들 짐을 따라 사방을 정벌하느라 고생했으니 오늘은 진탕 마셔 봅시다!

특히 석수신, 왕심기 두 장군이 없었다면 지금의 짐이 있었겠소?

폐하는 천명을 받은 분이라 저희는 천명에 순응해 폐하를 보좌했을 뿐입니다.

맞습니다. 폐하의 뜻이라면 저 왕심기 끓는 불 속도 마다하지 않겠습니다.

그대들과 같은 충신을 가진 건 짐의 행운이오!

너무 칭찬해 주셔서 몸 둘 바를 모르겠습니다.

헤 헤

145

하지만 황제가 절도사보다 불안한 자리라는 걸 그 대들은 모르오.

네?

시무룩~

솔직히 말해서 짐은 황제에 오른 후 한 번도 편히 잠을 자지 못했소.

왜 그런지 여쭤 봐도 될까요?

정말 모르겠소?

눈에 불을 켜고 황제 자리를 노리는 이가 있소.

신은 잘……

146

네?!!

철푸덕

폐하
......

어찌 그런 말씀을
하십니까? 지금 천하
가 안정됐는데 누가
감히 딴마음을
품겠습니까?

신들의 충심은
하늘과 땅이 알고
있습니다!

폐하의
고명한 판단을
바랍니다

짐이 어찌
그대들을 믿지
못하겠소?

147

다만 그대들 수하 중에 부귀를 탐해 황포를 걸치는 자가 나올까 걱정인 거요.

걱정이 현실이 되면 그대들도 짐이 진교에서 그랬던 것처럼 마지못해 모반할 것 아니오?

그건 ……

신들이 제위를 찬탈할까 염려하신 것이군요.

짐의 이런 걱정을 해소할 방법을 말해 보겠소?

신들은 무지한 일개 군인들인지라 잘 모르겠나이다. 폐하께서 가르쳐 주십시오!

하명을 부탁드립니다.

글썽

기왕 그렇다면 짐의 생각을 말하리다.

그대들이 병권을 내놓고 지방관으로 내려가 전답과 집을 사서 자손에게 남겨 준다면 만년을 즐겁게 보낼 수 있을 것이오.

또 짐과 사돈을 맺어 피차간에 의심을 없애면 가장 좋지 않겠소?

아~

폐하께서 세심히 대비 하셨는데 신들이 어찌 따르지 않겠습니까?

이튿날

149

석수신과 왕심기가 제 손으로 연로하여 사직을 청한다는 상소를 올렸소.

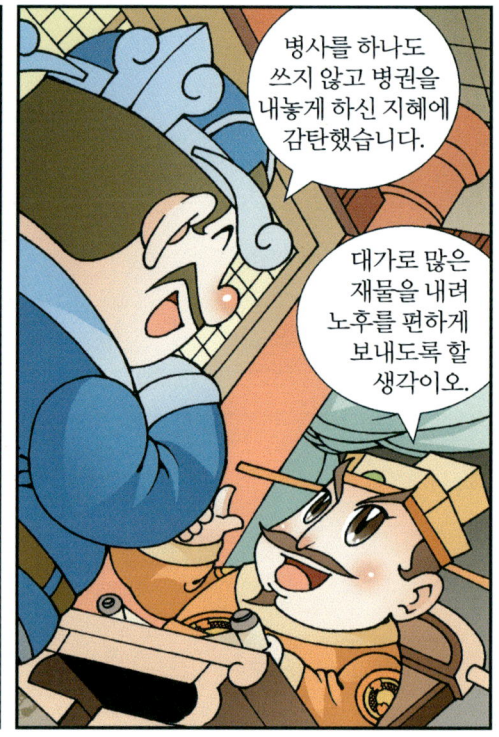

병사를 하나도 쓰지 않고 병권을 내놓게 하신 지혜에 감탄했습니다.

대가로 많은 재물을 내려 노후를 편하게 보내도록 할 생각이오.

금군 장수들은 병권을 내놓았습니다만, 그 많은 번진 절도사들은 어찌하실 생각이십니까?

아주 간단하오. 이전 방법대로 절도사들을 불러 술을 한잔 하면 해결될 거요.

그대들은 나라의 중신으로 큰 공을 세웠으니 짐이 술을 한잔 올리겠소!

번진의 업무가 바빠 그대들이 고역을 치르고 있어 짐의 마음이 매우 무겁소.

우리에게 병권을 내놓으라는 얘긴가?

신이 공으로 이 자리에 앉는 것은 부적절하니 고향으로 돌아가겠습니다.

기왕 그렇게 말한다면 짐도 만류하지 않겠소.

따로 원하는 건 있소? 전답, 저택 아니면 중앙 관직? 뭐든 내리도록 하겠소.

이 분위기 뭐지?

감사합니다!

참 눈치 없네!

신은 당시 폐하를 따라 생사를 넘나들며 큰 공을 세웠는데……

다 케케묵은 일을 언급해서 어쩔 것이오?

내일 그대들의 병권을 모두 거둬들이겠소. 수긍하면 큰 상을 내리지만 그렇지 않으면……

시…신은 받아들이겠습니다!

조광윤은 병권을 회수한 후 각지 행정관도 조정에서 파견했다. 이를 계기로 장기간 이어졌던 번진 할거 국면이 종식되고 새로 건립한 북송 왕조는 안정을 찾기 시작했다.

망국의 한을 노래한
남당의 이욱

947년, 조광윤은 천하를 통일하기 위해 남당에 전쟁을 발동했다. 남당 황제 이욱은 비록 문장력이 뛰어났지만 나라를 다스리는 데는 재능이 없어 정권이 위태로워졌다.

폐하, 큰일 났습니다!

왜 이리 소란 이냐! 지금 가무를 즐기고 있거늘.

하지만 송의 군대가…

153

썩 나가라!

예……

신경 쓰지 말고 계속 춤을 춰라.

메롱~

멋진 춤을 보니 시흥이 이는구나!

탁!

막 단장 마친 눈처럼 흰 얼굴들, 봄날 밤 전각에 나와 줄지어 섰네. 한밤의 피리소리 하늘 멀리 퍼지고, 이어지는 춤곡에 흠뻑 취하네.

저녁 시간이니 다들 같이 밥을 먹자.

감사합니다, 폐하!

참, 아까 누가 송의 군대에 대해 뭐라고 했는데?

그자를 불러 와라.

폐하!

아까는 무슨 보고였느냐?

송의 10만 대군이 쳐들어오고 있습니다.

헉!

10만? 왜 일찍 보고하지 않았느냐?

폐하께서 가무 감상을 하신다 해서……

나라의 안전을 지키는 게 최우선 과제입니다.

송이 남평, 후촉, 남한을 잇달아 멸하고 다음은 우리 차례입니다.

서현, 빨리 재물을 가지고 가 화친을 청하시오!

송나라가 노리는 건 재물이 아니라 땅입니다.

그럼 송 황제에게 짐이 제호를 취소하고 매년 조공을 바친다고 청해 보시오!

예, 신이 그들을 만나 보겠습니다…

휴~ 황제란 자가 조공부터 바치려 하다니…

156

마침내 돌아왔구려. 송 황제가 뭐라고 하오?

송 황제가 폐하의 요청을 거절했고, 조빈과 반미의 대군이 이미 장강을 건넜습니다.

뭐요?

다시 한 번 변량에 가서 어떻게든 송 황제에게 짐을 살려 달라고 부탁해 주시오!

걱정 마십시오. 신이 당장 다녀 오겠습니다.

에고, 내 팔자야!

변량

폐하를 부모 처럼 공경하는데 왜 저흴 토벌하려 하십니까?

그럼 부모와 자식이 두 집안으로 나눠질 수 있는 것인가?

폐하의 영토를 침범한 적이 없고, 또 해마다 조공을 바칠 테니 멈춰 주십시오!

시끄럽다!

이욱이 아무 잘못이 없다 해도 지금은 천하가 한가족이다.

내 침대 옆에 서 누구든 코를 골게 놔둘 수는 없다!

조광윤은 화친 제의를 거부하고 군대를 보내 남당의 도읍인 금릉을 겹겹이 포위했다.

화친은 이미 불가능하니 싸울지 항복할지 결정하셔야 합니다!

각지 병사들을 모두 도성으로 불러 끝까지 싸운다!

화르륵一

사람 살려!

빨리 도망가자. 송군이 너무 강하다!

화르륵─

짐이 글재주나 부리고 국방을 소홀히 하여 결국 이 지경에 이르렀구나!

활활~

멸망이 코앞 인데 아무것도 할 수 없으니 이 한 몸 바치 련다.

폐하, 내세에 뵙겠 습니다!

폐하는 성군은 못 되셨으나 호인이셨습 니다!

아······

이렇게 죽긴 싫어!

헐!

투항하러 가야겠다!

금릉

휴, 남당이 건국 38년 만에 내 손에서 망하는구나.

40년 이어온 우리나라, 삼천 리 산하여!

안녕…

높은 전각과 아름다운 누각은 은하수에 닿고,

아름다운 나무와 구슬 같은 가지는 정원에 가득한데, 어찌 창과 방패에 유린될 줄 알았으랴.

한 번 항복하여 신하와 포로가 되니, 허리는 가늘고 귀밑머리 희어졌네.

가장 경황없이 종묘를 하직하던 날, 가무 연습장에서 연주하는 이별 노래 들으며, 눈물 흘려 궁녀들을 대하네.

이욱이 투항한 후 조광윤은 그를 후대했다. 하지만 이욱은 군주에서 포로로 바뀐 신세가 너무 괴로워 그의 뛰어난 글 솜씨로 감상에 젖은 작품을 많이 남겼다.

그대는 시름이 얼마나 많은가, 마치 봄날에 강물이 동으로 흐르는 것 같구나!

쏴~

쏴아

주렴 밖으로 주룩주룩 비 내리며 이렇게 봄날은 가는구나.

비단금침으로도 새벽 추위를 견딜 수 없어, 나그네 신분조차 잊고 꿈속에서 한바탕 환락을 탐했네.

처량~

처량~

162

의지할 곳 하나 없는 끝도 없는 이 세상, 이별하기는 쉬워도 다시 만나기는 어렵구나.

흐르는 물에 꽃 떨어지며 봄은 가는데, 이곳은 천상인가 인간 세상인가.

다시 한 번 불러 봐라. 고국 생각이 너무 나는구나.

폐하…

주렴 밖으로 주룩주룩 비 내리며 이렇게 봄날은 가는구나.

띠링~

띠링~

싸—

싸아

비단금침으로도 새벽 추위를 견딜 수 없어, 나그네 신분조차 잊고 꿈속에서 한바탕 환락을 탐했네.

의지할 곳 하나 없는 끝도 없는 이 세상, 이별하기는 쉬워도 다시 만나기는 어렵구나.

탁— 탁—

이욱의 이 「낭도사浪淘沙」는 고국에 대한 그리움을 표현한 것인데, 태종 조광의는 딴마음을 품었다고 의심해 결국 그에게 죽음을 명했다.

164

촛불 그림자 속의 도끼 소리

조광윤은 도량이 넓고 남의 의견을 경청하는 황제였다. 그가 사대부를 죽이지 말라는 훈시를 내린 이후 송나라의 지식인은 과감하게 할 말을 하고, 천하의 일을 자신의 소임으로 삼았다.

폐하,
아뢸 말씀이
있습니다.

짐이 새를
쏘아 맞히고
얘기하면 안
되겠소?

촌각을
다투는 일
입니다!

그럼 얘기해
보시오.

166

캉

아얏!

엉엉,
내 이가
……

이만 물러가
겠습니다.

흑흑

이를
주워서 증거로
남겨 짐을 고발
할 생각이냐?

신이 어찌 폐하
를 고발하겠습니까?
다만 사관에게 이
일을 기록하게
해야지요.

자네
……

짐이
잘못했구려.

여봐라, 그에게 황금 천 냥을 내려라!

천 냥!

예, 폐하.

폐하!

앞니 2개와 천 냥을 바꿨구나.

대신들에게는 후하게 상을 내리면서 왜 자신에게는 그리 인색하세요?

황후가 보기에 짐의 절약이 도가 지나친 것 같소?

폐하의 마차는 너무 낡아서 차라리 대신들 것이 더 좋아 보입니다.

천자라면 응당 금으로 장식한 마차를 타야 어울리죠.

금마차는 말할 것도 없고 마음만 먹으면 궁전을 온통 금으로 장식할 수도 있소.

허나 그렇게 해서 나라와 백성에 과연 떳떳하겠소?

흥!

탁!

폐하
……

이튿날

어? 이 상소는
어제 짐이
찢어 버린 것
아니오?

어제 폐하께서
기분이 안 좋으셔서
자세히 보지 않고
찢어 버린 것을 신이 잘
붙여서 올렸습니다.
다시 한 번 봐
주십시오.

으……

그대가 짐을 위해 고심해서 인재를 추천했을 테니 이 자를 한번 기용해 봅시다.

군인 출신인 조광윤은 이미 성년이 된 두 아들이 있었지만 태자 책봉을 서두르지 않았다. 그리고 그의 동생 진왕 조광의(휘를 피하기 위해 조광의趙匡義는 이름을 조광의趙光義로 바꿨다)도 유력한 황위 경쟁자였다.

눈이 정말 펑펑 내리는데.

으~ 추워!

폐하와 진왕께서 술을 드시고 있다고.

쉿

그래?

진왕이 왜 일어나시지?

폐하는 화가 나신 표정이야.

탁!

폐하께서 화가 나신 것 같으니 신은 이만 가 보겠습니다.

흥!

진왕이 나오신다!

어!

으읍… 읍…

아… 그…

……

진왕!

172

이상하네.
폐하는 인사불성이
될 정도로 술을 드시지
않는데. 내가 가
봐야겠다.

예……

폐하!

황후마마
목소리잖아?

무슨
일입니까?

엉엉~

헉!

폐하, 왜
일어나지
않으십니까?

당장 새 황제를
세우는 게 급선무
입니다. 그렇지
않으면 대란이
일어납니다!

왕계은, 내
아들 조덕방을
궁으로 불러라!

예,
마마!

하지만 왕계은은 조덕방을 부르러 가지 않고 곧장 조광의의 거처로 향했다.

폐하가 돌아가셔서 황후마마가 넷째 황자를 옹립하려고 합니다. 소인이 목숨을 걸고 진왕께 알려 드리니 속히 황위에 오르십시오!

여러모로 감사하네. 하지만 먼저 가족들과 상의해 보도록 하겠네.

빨리 결단을 내리십시오. 둘째 황자나 넷째 황자가 선수를 치면 황위를 뺏기십니다.

알겠으니 잠시만 기다리게나.

......

웅성

웅성

175

평소에 왕계은에게 돈쓴 보람이 있었어. 폐하가 돌아가시자 마자 내게 알려 주러 왔다고.

진왕, 상황이 어떻소?

폐하가 돌아가셨는데 너무 기쁜 내색을 해선 안 됩니다.

네 말이 맞다. 이제 내가 어떻게 해야만 하는가?

지체할 수 없으니 당장 궁으로 가 황위를 이으십시오!

좋다! 다들 바로 궁으로 간다!

갑시다!

조광의는 피 한 방울 묻히지 않은 정변으로 황위를 손에 넣었다. 그가 바로 송 태종이다.
조광윤과 조광의의 마지막 독대에 관해 사서에는 자세한 기록이 없다. 후대에 조광윤의 죽음이 조광의와 관련이 있다고 추정했지만 확실한 증거를 찾지 못했다. 그래서 '촛불 그림자 속의 도끼 소리'는 수수께끼로 남아 있다.

『논어』 절반으로 천하를 다스린 조보

조보는 송 태조 조광윤의 최측근 모사로 조광윤이 천하를 평정하는 데 큰 공을 세웠다. 조광윤은 그를 재상으로 삼고 국가대사를 함께 논의했다.

짐이 연호를 건덕乾德으로 고치려 는데 어찌 생각 하시오?

폐하의 어진 덕이 그대로 드러 나는 훌륭한 연호 입니다!

그런데 다른 황제와 같은 연호 를 쓸 수 없는 노릇 이니, 건덕이 전에 사용됐는지 알아 보시오.

아무도 썼을 리 만무합니다. 마음 놓고 쓰셔도 됩니다.

그럼 건덕으로 정합시다!

콜쓰!

에그머니

콰당!

폐하, 용서해 주십시오!

괜찮다. 그런데 이 거울에 뭐라고 쓰여 있구나.

건덕 4년 주조?

올해는 분명 건덕 3년인데.

뭐지?

신첩은 촉나라 궁녀였는데 그때 가져온 것입니다.

촉나라 라고?

촉나라에서 건덕이란 연호를 사용했느냐?

신첩은 잘⋯⋯

조보에게 어떻게 된 일인지 물어봐야겠다.

아, 내 거울은?

이 거울에 '건덕 4년 주조' 라고 쓰인 건 대체 뭐요?

우물 쭈물

설명해 보시오!

여봐라, 학사 두의를 불러라!

쿵쿵쿵

무슨 일로 소신을 부르 셨습니까?

제발 몰라야 하는데…

이 거울은 촉나라 것 아닙니까?

두의, 왜 거울에 '건덕 4년'이란 글자가 쓰여 있소?

촉나라 거울인지 어찌 아시오?

촉 후주 왕종연이 건덕 이란 연호를 사용 했습니다.

흥, 건덕이란 연호를 사용한 자가 망국의 군주라니!

조보, 그대는 배운 것이 없어서 아는 것도 없구나! 남이 쓴 연호도 모르느냐!

신 만 번 죽어 마땅 합니다!

그대 같은 일자무식은 얼굴에 먹물이나 발라라!

폐… 폐하…!

스샤삭~

휴, 재상은 똑똑한 사람을 써야 해.

탁-

아이고, 누가 어른도 몰라보고 당신 얼굴에 먹물을 발랐대요?

힝~ 여보…

말도 마시오. 오늘 창피해 죽는 줄 알았소.

대체 어떻게 된 일이에요?

그렇게 된 거군요. 아무리 그렇다 해도 너무 심하셨어요.

얼굴에다가 먹칠을…

내가 망국 군주의 연호를 사용하게 했으니 이런 꼴을 당해도 싸지.

얼른 세수하고 오세요.

폐하의 명이 있을 때까지 씻을 수 없소.

당신도 참.

내일 조정에 나가 문무백관들을 어찌 보시려고요?

나오는 길에 볼 사람은 이미 다 봐서……

폐하가 머리끝까지 화가 나서 신경을 건드리면 안 되오.

조보, 여태까지 세수를 하지 않은 것이오?

푸핫!

낄낄~

ㅋㅋ

먹물이 아직 그대로야.

184

폐하께서 바른 먹을 어찌 감히 씻어 내겠습니까?

어제는 순간 화가 나서 그런 거니 빨리 씻고 오시오.

감사합니다!

이제 책을 좀 많이 읽으시오. 재상이 학식이 그리 얕아서야 되겠소!

명심하겠습니다!

상공이 요즘 집에 오자마자 서재에 틀어박혀서 뭘 하는지 모르겠단 말이야.

185

쑤욱—

오늘은 꼭
비밀을 알아
내고 말겠어.

빼꼼

論語

아, 열심히
독서 중이
시구나!

열   공

상공께
맛있는 걸 갖다
드려야지.

내조의
여왕~

훗날 조보는 부하의 뇌물 수수를 비호하다가 관직에서 파면되었다. 조광윤이 죽은 후 즉위한 송 태종 조광의는 조보의 재능을 높이 사 그를 다시 재상에 임명했다.

조보가 어느 정도 능력이 있다 해도 독서량이 너무 적어 재상을 맡기에 부적합합니다.

선입견으로 사람을 봐선 안 되오. 조보가 독서에 열중한다고 들었소.

독서라고 해야 달랑 『논어』 한 권인데, 다섯 살 난 신의 아들도 외웁니다.

비아냥~

하하하!

그래요? 하하!

187

조보, 왜 아무 변명도 하지 않는 거요?

폐하를 도와 나라를 다스리는 데 독서는 아무 쓸모가 없습니다.

전에 신은 『논어』 절반으로 태조 황제를 보좌해 천하를 평정했습니다.

나머지 절반은 폐하께서 태평성대를 여는 데 쓰겠습니다!

훌륭하오!

논어 짱!

웅대한 포부가 맘에 드오. 태조를 따라 천하를 호령한 대신이 부끄럽지 않구려!

사실 조보는 많은 책을 읽었지만 그의 이 말 한마디 때문에 후세에 조보를 "『논어』 절반으로 천하를 다스렸다"고 말하는 것이다.

요에 맞서 싸운 양무적 양업

986년, 조광의는 요나라가 점령한 연운 16주를 수복하기 위해 군대를 세 길로 나눠 북벌에 나섰다. 노장 양업은 서로군에서 대장 반미의 부장을 맡았다.

돌격하라!

빨리 도망가자!

양업을 못 당하겠어!

워워~

191

나를 따르라!

비켜랏!

와ㅡ

승리가 눈앞이다. 전원 돌격 하라!

양업 부자가 용맹스럽게 싸운 덕에 서로군은 환주, 삭주, 운주, 응주 등을 잇달아 점령했다. 그러나 양업이 큰 공을 세우자 대장 반미와 감군 왕신의 시기를 불러일으켰다.

방금 동로군의 참패 소식이 들어왔소. 우리도 요군의 포위를 면하려면 당장 철수해야 하오.

양업은 빼앗은 환·삭·운·응 4개 주의 주민이 내지로 이동할 수 있도록 엄호하시오.

엄호는 문제가 아닙니다만 적군의 사기가 왕성하여 공격을 피하려면 싸우면서 물러나야 합니다.

우리 정예병이 수만인데 뭐가 두렵소?

양 장군이 안문 대로를 따라 당당하게 행군하면 요군도 어쩌지 못할 겁니다.

왕 감군, 지금 적은 강하고 우리는 약한데 그러다간 큰일 나오.

양 장군은 천하무적 아니십니까? 무서워서 꽁무니를 빼는 게 수상합니다.

말을 가려 하시오!

왜요? 자기 사람에게는 사나우면서 적은 두려운 건가요?

난 다만 군사들이 헛되이 목숨을 잃을까 걱정인 거요.

다들 싸우길 원한다면 내가 선봉에 서겠소!

됐소. 우리가 먼저 갈 테니 후방의 임무는 양 장군이 맡아 주시오.

흥!

옙.

난 본래 적을 통렬하게 쳐부숴 나라에 보답할 생각이었소.

그런데 내가 적을 피한다고 의심하니 실제 행동으로 보여 주리다.

반 장군은 골짜기 입구에 군사를 매복해 주십시오.

제가 패한 척하고 골짜기로 들어왔을 때 반 장군이 복병을 이끌고 나오면 전세를 역전시킬 희망이 있습니다.

양 장군 계획대로 할 테니 걱정 마시오.

연소야, 이번 유인 작전은 매우 위험하다. 따라오지 말아라.

삭주에서 후퇴하는 군민들을 돕도록 해라.

하지만……

얼른 가지 않고 뭐 하느냐!

부디 몸조심 하십시오!

출발!

양업이 왜 아직까지 안 오지? 혹시 몰살당한 것 아닐까?

기다리다 지치겠네.

196

빨리 철수 하십시오. 그렇지 않으면 우리도 죽습니다!

하지만 양업과 이미 약속했는데 만일 그가 돌아와 우리가 보이지 않으면 어찌하나?

그럼 저 혼자라도 가겠습니다.

왕신!

에라~ 나도 가자. 내 목숨이 더 중요하니까.

철수 하라!

다 다 다

반미가 장군의 권고를 듣지 않았다가 참패했는데……

괜찮다. 앞이 약속한 골짜기니 반미가 도우러 올 것이다.

陳家峪

반 장군, 우리가 왔소!

반 장군, 우리가 왔소!

반 장군, 우리가 왔소!

메아리만 들리고 사람 그림자는 전혀 안 보여.

허둥 지둥

반미 장군!

양업, 소리쳐도 소용 없다. 여기에 반미는 없다!

앗, 요군에게 완전 포위 됐다!

아, 반미가 날 버렸구나!

이런—

다들 나를 따라 죽을 필요는 없다. 어떻게든 포위를 피해 달아나라.

저는 장군과 함께 살고 함께 죽겠습니다!

저희도 모두 장군을 따르겠습니다!

형제들이여, 미안하구나. 적을 하나라도 더 죽여 나라에 보답 하자!

양업이 용감하게 싸웠지만 중과부적으로 인해 적에게 포로로 잡혀 식음을 전폐하다가 굶어 죽었다. 이런 아버지 밑에서 자란 아들 양연소와 손자 양문광은 훗날 송의 명장이 되었다.

요와 굴욕적인 '전연의 맹약'을 맺다

조광의의 두 차례 요 정벌 실패 후, 송나라는 자신감을 크게 잃고 도리어 요에게 계속 괴롭힘을 당했다.

1004년, 요의 소태후와 성종이 친히 20만 대군을 이끌고 남하하자 즉위한 지 얼마 안 된 진종은 놀라서 어찌할 바를 몰랐다.

어쩌지? 어떡하면 좋지?

안절

부절

그냥 천도를 하십시오. 금릉이 안전합니다.

익주로 가시는 게 더 안전합니다.

진요수, 자네가
익주 사람이라고
익주로 천도하자는
것인가?

티격
태격

자네도
마찬가지
아닌가?

폐하,
왕흠약은 강남
사람이라 금릉
천도를 종용하는
것입니다.

어이구
……

그대들이 짐을
더 정신없게 하
는구나. 차라리
구준에게 물어
봐야겠다.

폐하
……

휑~

구준,
누구는 금릉으로,
또 누구는 익주로
천도하라 하는데
어찌 생각
하시오?

그런 멍청한
계책을 낸 자는
당장 죽이
십시오!

202

우리가 남쪽으로 천도하면 요군의 중원 침략을 방임하고 더 이상 송은 없는 것과 같습니다!

천도가 아니면…

그럼 어찌해야 하오?

폐하께서 친정에 나서야 합니다!

그건 ……

태종 황제도 친정에 나섰다가 부상을 당했는데 짐더러 친정을 하라고?

전선의 병사들이 폐하를 보면 사기가 진작돼 요군을 무찌를 수 있습니다!

당황~

신도 친정에 찬성합니다!

폐하께서 친정에 나서지 않으면 북방을 수호할 수 없습니다.

휴……

좋소. 짐이 친정에 나서리다.

만세!

쿵 쿵 앗!

고경, 땅이 왜 이리 흔들리는가?

곧 전선인 전주에 도착해서 그런 느낌이 드실 겁니다.

전선은 너무 무서워. 차라리 금릉으로 천도하는 게 낫겠어.

가시면 안 됩니다.

고경, 폐하께 무슨 무례한 짓이냐!

금군 병사들이 대부분 북방 사람이라 강제로 남쪽으로 이주하게 하면 난리가 일어납니다!

폐하가 어떻게 결정하시든 입 다물고 있어!

하지만 ……

그만해라. 짐이 가면 될 것 아니냐!

흥!

폐하께서 행차하신다!

뭐? 폐하가 오셨다고?

다들 수고가 많다!

만세! 만세! 만만세!

병사들이 폐하를 뵙고 사기가 크게 올라 요군을 두려워하지 않을 것입니다.

그래?

저기 요군의 정찰병이 온다!

맨 앞이 바로 소달름 장군이야!

그를 쏘아 죽이자.

조준!

으악!

장군!

소 장군이 화살에 맞았다!

빨리 달아나자!

요군 진영

소달름 장군이 송군이 쏜 화살 에 맞아 돌아 가셨습니다!

뭐?

전쟁도 하기 전에 대장을 잃다니, 군심이 흔들리겠어.

어마마마, 송의 황제가 친정에 나서 송군의 사기가 진작됐으니 화친을 맺는 게 낫겠습니다.

저들이 땅을 떼어 주면 응하고 그렇지 않으면 거부해라.

송 황제에게 땅을 할양하면 철수하겠다고 이르겠습니다.

그래라!

요의 화친 요청을 받은 진종은 대신들과 대책을 논의했다.

배상은 받아들여도 땅은 절대 안 되오.

배상?!

할양이고 배상이고 모두 안 됩니다. 반드시 요에게 연운 16주를 돌려받아야 합니다!

208

양국이 교전하면 재앙을 입는 것은 백성이니 많이 바라지도 않고 평화와 맞바꿀 수 있으면 좋겠소.

하지만!

됐으니 그만하시오.

예…

조리용, 요 진영에 가서 담판을 짓도록 해라.

예, 폐하!

백만 관 이내의 배상이면 그들의 요구를 모두 들어주어라.

엥?

백만 관은 너무 많은 액수야.

조리용!

네, 승상!

배상 액수가 30만 관이 넘으면 목이 달아날 줄 알아라!

아… 알겠습니다.

아놔!

폐하, 조리용이 돌아왔습니다.

빨리 가서 요와 담판은 어떻게 됐는지 물어봐라!

예, 폐하!

조리용이 신에게 손가락 세 개만 펴 보이고 자세한 얘기는 폐하께 드리겠답니다.

툭—

설마 3백만 관?

3백만 관 이면 너무 많지 않나?

이 사태만 잘 마무리 짓는다면 뭐, 빨리 조리용을 불러 와라.

예!

신 폐하를 뵙습니다!

신은 죽어 마땅합니다. 신이 약속한 배상액이 너무 많습니다.

3백만이면 확실히 너무 많소.

폐하, 3백만이 아니라 30만입니다.

서프라이즈~

오, 경이 수고가 많았구려!

진종은 구준의 반대에도 불구하고 요와 화친을 맺고 매년 비단 20만 필과 은 10만 냥을 바치기로 약속했다.

전주는 전연으로도 불렸기 때문에 역사에서는 이 화친을 '전연의 맹약'이라고 부른다.

서하와 송의 대립

북송과 요는 전연의 맹약 후 장기간 평화를 유지했다. 그러나 북방의 당항족 수령 이원호李元昊가 건립한 서하西夏가 자주 북송 국경을 침범했다. 이에 송 인종仁宗은 한기와 범중엄을 파견해 변경을 지키도록 했다.

아군이 연전연패한 골칫거리 업무를 떠맡았구나.

전에 우리가 패배한 이유는 사람을 잘못 썼기 때문입니다.

이제 이 한기가 왔으니 서하는 송의 무서움을 곧 알게 될 것입니다.

경거망동 하지 말게.

213

한기 장군의 말이 맞았어. 서하는 한주먹 거리도 안 된다!

임복

임 장군, 적을 계속 쫓을까요?

물론이지. 이번에 적을 완전히 섬멸해 버리자!

한기 장군의 체면을 세워 줘야 다시는 겁쟁이 범중엄의 통제를 안 받지.

다다다

어, 이 상자들은 대체 뭐지?

안에 뭐가 들었는지 살펴봐라!

215

열어 봐라.

끼익—

푸드덕

우와!

푸드덕

저 새들은 대체 왜…?

지금이다! 출격!

아뿔싸─

큰일 났다. 매복에 당했어!

빨리 철수하라!

서하 군사가 사방에서 들이닥치고 있습니다!

다들 끝까지 싸운다!

와─

모두 적을 얕보고 돌진한 내 잘못이다.

대장이 전쟁에서 패했으니 죽음으로 갚아야 한다.

푸드덕

푸드덕

부끄—

제가 대인의 권고를 듣지 않았다가 대패하고 말았습니다.

소 잃고 외양간을 고쳐도 절대 늦지 않는 법. 우리가 힘을 합쳐 성을 잘 지키면 되네.

대인의 말씀대로 이번 교훈을 꼭 새기겠습니다.

오늘도 크게 한 건 했구먼.

겁쟁이 송군은 나와 싸우지도 못하는걸.

어이! 너희 백성의 재물이니 나와서 뺏어 보시지!

자신 없나?

당장 출격해 저들을 죽여 버리겠습니다!

흥분하지 마라. 아직은 참아야 한다.

하지만 저들이 약탈한 건 송의 재물입니다.

나도 안다.
하지만 지금은
서하와 결전을
벌일 때가
아니다.

때를
기다려라─

1040년부터 3년간 양측은 일
진일퇴의 공방을 벌이며 좀
처럼 승부가 나지 않았다.

해마다
변경을 지키느라
머리는 희어졌는데
전쟁은 끝나지
않는구나.

나야말로
이제 늙은이
가 됐다고!

변경에 가을 오니
풍경이 달라지고, 형양
가는 기러기 쉬어갈 맘 내지
않네. 들리는 건 군호 섞인 변방
의 슬픈 소리, 산으로 첩첩이
둘러싸인 곳에서, 해 질 녘
닫힌 성에 밥 짓는 연기
피어오르네.

텁텁한 술 한 잔에
떠나온 집 그립지만, 이룬
공 아직 없어 돌아갈 길 기약
없네. 피리 소리 아득한데 서리
까지 내리니, 잠들지 못하는
중에, 장군은 머리 세고
병사는 눈물짓네.

220

서하군이 온다. 빨리 성 안으로 들어가라!

대인, 서하군이 곧 있으면 당도합니다!

빨리 성문을 닫아라!

대인, 백성들을 포기할 수는 없습니다!

나도 어쩔 수 없네. 무조건 수비만 하라는 명이 떨어졌어.

적을 우습게 여기는 군대는 반드시 패하게 돼 있습니다. 이 적청이 출전해 본때를 보이겠습니다.

좋다. 네게 일부 병사를 내어 주마!

감사합니다!

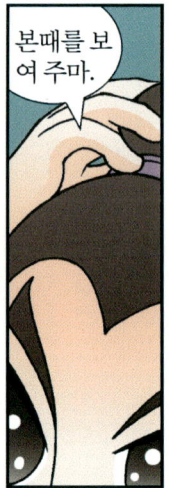

본때를 보여 주마.

우리는 측면에서 성을 나간다.

돌격!

착!

다다다

222

도적놈 들아, 내 칼을 받아랏!

가면을 쓴 장수가 너무 무시무시해.

멀리 도망가자!

빨리 철수하라!

적청, 여러 차례 서하군을 무찔렀다 던데 정말로 맹장이로구나.

그런데 얼굴에 웬 죄수 문신이냐?

예전에 형님이 죄를 지었는데 제가 대신 벌을 받은 바람에……

이건…

전투에 임할 때마다 가면을 쓰는 이유가 있었구나.

책을 읽어 본 적은 있느냐?

저는 병사 출신이라 책을 한 번도 읽지 못했습니다.

유감~

이후에 장군이 되려면 필부지용* 만으로는 부족하니 반드시 책을 많이 읽어야 한다.

병서, 사서를 많이 읽으면 자질을 기르는 데 큰 도움이 될 거다.

대인의 가르침을 명심하겠습니다!

범중엄과 적청이라는 훌륭한 신하가 변경을 지킴에 따라 서하는 아무런 이득도 얻지 못하고 하는 수 없이 북송에 신하를 칭했다. 그 대가로 북송은 서하에 매년 은과 비단을 주었다.

*필부지용匹夫之勇
좁은 소견으로 혈기만 믿고 함부로 날뛰는 것을 이른다.

224

농지고의 반란을 평정한 적청

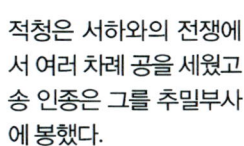

적청은 서하와의 전쟁에서 여러 차례 공을 세웠고 송 인종은 그를 추밀부사에 봉했다.

적청, 이제 고관에 올랐는데 얼굴의 죄수 문신이 나쁜 인상을 준다.

어의를 시켜 문신을 지워 주마.

폐하의 배려에 감사드립니다!

하지만 저는 이 문신을 남겨서 죄를 지은 사람도 나라에 충성하면 중용될 수 있음을 알리고 싶습니다.

정말 패기가
대단하구나.
그럼 네 뜻대로
해라.

깊은 뜻이!

광남의
농지고가 반란을
일으켜 스스로 인혜
황제라 칭하고 광주로
쳐들어온다는데 어찌
하면 좋겠소?

반군이 막강
하여 적청을 보
내야만 물리칠
수 있습니다.

신도 방적의
의견에 찬성
합니다.

추밀사는 병력을
배치할 수만 있고
직접 전투에 나갈
수 없다는

조상의 유훈으
로 군대 배치권과
통솔권을 분리해
야 하는데…

어떡하지?

강적을 앞에 두고 이런 잡다한 규정을 따질 여유가 없습니다.

좋소. 그럼 적청을 대장으로 삼는데

짐이 감군을 파견해 그를 수행하도록 하겠소.

신은 반란을 평정할 자신이 있습니다!

하지만 감군을 보내 감독하게 하면 필승의 가능성이 떨어집니다.

당에서 환관을 감군으로 보냈다가 대장의 작전을 방해하는 통에 자주 패한 일이 있습니다.

적청에게 군사 지휘 전권을 맡기지 않으면 그를 보내도 아무 소용이 없습니다.

정 그렇다면 감군을 보내지 않겠소.

227

남방 병사들은 농지고를 두려워 하니 북방 병사를 이끌고 반란을 평정 하겠습니다.

경의 뜻대로 하게.

광주의 진서는 적청이 온다는 소식을 듣고 공을 빼앗길까 전전긍긍했다.

원용, 폐하가 이미 적청에게 농지고 평정 임무를 맡겼네.

적청이 서하를 추풍낙엽처럼 대파 했으니 농지고 격파는 식은 죽 먹기 아닌가?

적청이 오면 우리 같은 장수는 언제 빛을 보겠나…

진서, 무슨 방법이라도 있나?

당장 농지고를 공격해 적청이 오기 전에 공을 빼앗아 버리자!

그러다가 적청에게 문책을 당하면 어쩌지?

우리가 공을 세우면 폐하가 상을 내릴 텐데 적청이라고 별 수 있겠나?

좋아, 당장 출전하자!

가자고!

하지만 진서 등은 농지고에게 대패하고 많은 군사를 잃었다.

진서, 원용, 너희들은 군령을 어기고 멋대로 출전해 적에게 대패했다!

괜히 출전 했다가…

끌고 가 목을 베라!

장군, 목숨만 살려 주십시오!

전쟁을 앞에 두고 자기 사람을 베면 사기에 영향이 있습니다.

저들을 한 번만 용서해 주십시오!

군령은 태산과 같으니 용서란 없다!

탁!

살려 주십시오!

농지고가 관군을 연파할 정도로 무시 무시하대.

사 기 저 하

과연 적청 장군이 이길 수 있을까?

병사들 사이에 적을 두려워하는 분위기가 만연합니다.

이럴까봐 내 미리 생각해 둔 게 있소.

솔직히 이번 출정은 나도 자신이 없었소.

그래서 부처님께 전세가 어떻게 될지 물어보면 어떨까 하오.

좋은 방법입니다.

여기 있는 동전 백 개를 땅에 던져서 모두 앞면이 나오면 우리가 이긴다는 표시요.

어떻게 전부 다 앞면이 나올 수 있겠어?

적청 장군이 무슨 생각이지?

부처님이 안 도와주시면 어떡해?

대보름이 곧 다가오니 병사들에게 열흘 휴식을 주시오.

변량에서부터 쉬지 않고 행군하느라 다들 지쳤는데 잘됐습니다!

야호—

농지고 진영

적청의 군대가 등롱을 달고 비단 띠를 매어 대보름을 경축하고 있습니다.

그렇다면 우리는 연등회 규모를 그들보다 훨씬 더 크게 열어라.

예, 폐하!

혁-

와-

와-

돌격!

큰일 났습니다. 적청의 대군이 곤륜관을 넘어 아군을 대파하고 옹주성으로 곧장 쳐들어옵니다!

명절을 보낸다던 송군이 어째서 이리로 오고 있을까요?

어리둥절~

계략에 당했다!

이번에 대승을 거둬 농지고를 몰아낸 것은 모두가 일치 단결한 덕분이오.

그때 동전을 박아 놓은 곳으로 가서 이번 승리를 거둔 데 대해 부처에게 감사를 드려야 합니다.

당연하오.

빨리 와서 봐봐.

동전 양면이 왜 똑같지?

신기-

우리가 이번에 거둔 승리는 모두 단결해 용감히 싸운 덕분이지 부처의 가호 때문이 아니오!

그러게요. 다 우리들 힘이 었네요.

적 장군은 용맹뿐 아니라 지략도 뛰어나십니다!

적청은 농지고의 반란을 평정한 공로로 추밀정사에 발탁되어 최고 군사 장관에 올랐다.

북송

북송

北宋

인물 소개

범중엄范仲淹
북송의 유명한 정치가,
사상가, 문학가이다.
성품이 강직하고 청렴
했으며 개혁을 주도하고
백성을 자상하게 보살폈다.

구양수歐陽脩
북송 문단의 거목으로 송대
산문의 기초를 다진 인물이다.
시문詩文 혁신 운동을 창도했고,
왕안석 · 증공 · 소식 등의 문인을
추천 선발했다. 후대의 산문
창작에 지대한 영향을 미쳤다.

진사사陳師師
북송 시기의 명기.
사인 유영과 친밀한
관계를 맺었다.

유영柳永
북송의 사인詞人으로 완약파
婉約派의 대표적인 인물이다.
본명은 삼변三變인데 후에
영으로 이름을 고쳤다.
항렬이 일곱 번째라 '유칠柳七'
이라고도 불린다. 사詞를
짓는 데 일생을 바쳤다.

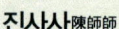

포증包拯
북송 시기의 명신.
판결이 엄정하고 공평무사
하며 권력을 두려워하지 않고
백성의 고통을 깊이 이해했다.
거울처럼 밝고 물처럼 맑은
판결로 푸른 하늘에 비유되어
'포청천包靑天'이란 명성을 얻었다.

왕안석王安石
북송의 걸출한 정치가
이자 문학가, 개혁가이다.
당송팔대가 중 한 명으로
『임천선생문집臨川先生文集』
이란 저서가 있다. 관직이
재상까지 올랐으며
변법을 주장했다.

사마광司馬光
북송의 정치가이자 문학가,
사학자로 인종·영종·신종·
철종 4대에 걸쳐 벼슬을 지냈다.
중국 역사상 최초의 편년체
통사인『자치통감資治通鑑』을
편찬했다. 사람됨이 온화하고
겸손하며 전형적인 유학자의
모범이 되어 대대로 사람들의
흠모를 받았다.

조욱趙頊
송宋의 제6대 황제 신종神宗.
영종英宗의 장자로 즉위 후
허약한 정치에 불만이 많아
왕안석을 등용해 변법을
추진했다. 이로 인해 북송은
부흥을 맞이했지만 결국
개혁은 실패로 돌아갔다.

소철蘇轍
소식의 아우로 당송
팔대가 중 한 명이다.
부친 소순蘇洵, 형 소식과
함께 '삼소三蘇'로 불린다.

소식蘇軾
북송의 문학가이자
서화가로 일명 동파거사
東坡居士라 불렸다. 그는
문학예술 방면에서
천재적인 재능을 보였다.

범중엄이 신정을 단행하다

인종 경력慶曆 초년(1041)에 범중엄은 서하와의 전쟁에서 뛰어난 활약을 보인 후 중앙으로 돌아와 부재상에 해당하는 참지정사에 임명되었다.

범중엄, 그대가 올린 「답수조조진십사」를 흥미롭게 읽었소.

우리가 일개 서하조차 이기지 못하고 나라는 점점 약해지니 개혁이 필요합니다.

짐이 그대를 부른 것도 바로 그 때문이오.

오호, 통했군!

신이 제출한 10대 개혁안의 핵심은 관리에 대한 것입니다.

우리 왕조에는 관리가 너무 많으므로 무능한 이는 모두 파면해야 합니다!

음......

일부 관리는 일정 기간이 지나면 자연스레 승진하니 열심히 일하지 않습니다. 따라서 업적 위주로 심사 방법을 바꿔야 합니다.

과거 시험도 개혁이 필요합니다. 무조건 암기하는 과목을 줄이고 실질적인 과목을 늘려야 합니다.

오호!

짐도 그 의견에 찬성하오. 그대가 구체적인 방안을 마련해 보시오.

예, 폐하!

인종의 지원을 얻은 범중엄은 동지들을 모아 개혁 작업에 착수했다.

한기, 부필, 구양수 모두 모였구려.

폐하께서 개혁에 동의하셨으니 우리가 주축이 돼 나라를 부흥합시다!

결 의

권신들이 개혁에 반대할 텐데 사방의 적을 대비해 마음의 준비를 단단히 해야 합니다.

한기, 걱정이 너무 많네. 큰일을 하는데 어찌 반대가 없겠나?

하하, 구양수 자네는 낙천적이구려.

나라에 이익이 된다면 개인의 안위쯤 뭐가 그리 대수겠소!

구양수의 말이 맞소. 이는 하늘이 준 기회니 함께 이 상을 실현하도록 노력합시다!

함께 노력합시다!

하~

부필, 피곤하면 들어가 쉬게.

저는 괜찮습니다. 대인이야말로 매일 한밤중까지 일하다가 몸 상하십니다!

게슴츠레~

쓸모없는 관리들을 빨리 정리해야 하네. 그들이 자리에 있는 시간만큼 백성이 더 고통받을 테니까.

숙숙~

대인이 붓을 들 때마다 한 가족이 눈물을 흘리게 되겠군요.

어험~ 그가 다스리는 백성은 통곡한다는 것을 잊지 말게나.

맞는 말씀입니다!

범중엄이 무례하게도 수많은 내 친구를 파직해 버렸소!

매정한 놈 같으니라고 ......

247

내 친척의 땅을 빼앗아 농민에게 나눠 주었다고요.

나는 경력이 많은데도 승진시켜 주지 않는구려.

다들 같은 목적이라면 함께 범중엄을 몰아냅시다!

좋은 방법이 있소?

부패 혐의를 씌웁시다!

범중엄이 너무 청렴해서 폐하가 믿고 계신데 그 죄로는 어림없소.

모반죄는 어떻습니까?

저기~

하하하!

왜 웃지?

어린

둥절

248

그 돌머리로 잘 생각해 보게. 범중엄이 모반을 일으켰다면 누가 믿겠나?

그… 그런가요?

범중엄, 한기, 부필 등이 항상 함께 모여 있으니 작당해 권력을 독점했다고 고발하는 겁니다.

오, 그 죄목이면 충분히 그들을 엮을 수 있겠어!

끽끽끽

ㅋㅋ

그럼 그리 합시다!

황궁

그대가 작당해 권력을 독점했다는 고발이 들어왔소!

억울합니다. 신은 동료들과 함께 공무를 집행한 것뿐입니다!

한기, 부필, 그대들도 범중엄과 한패라는 고발이 들어왔네!

신은 한 점 부끄럼도 없으니 굳이 변명하지 않겠습니다.

억울합니다, 폐하!

쟨 또 뭐야?

신이 드릴 말씀이 있습니다.

구양수, 그대도 붕당 명단에 들어 있는데 무슨 할 말이 있다는 거요?

붕당에 관한 논란은 예로부터 존재했습니다. 그러니 군자당과 소인당을 명확히 구별해 주시기 바랍니다.

붕당에 군자와 소인이 따로 있단 말이오?

군자는 의기투합해 결당하고 소인은 잠깐의 공통된 이익을 탐해 결당합니다.

도의를 지키고 충신을 행하며 함께 나라를 위해 충성을 바치는 군자의 결당이 잘못된 일입니까?

혼미

소인의 붕당을 물리치고 군자의 진정한 당을 중용하면 천하가 잘 다스려질 것입니다.

가증스런 구양수 놈, 우리를 소인당이라 빗대어 말하고 있어!

사실 짐도 그대들을 의심하지 않았소. 사실 관계를 명확히 하려 했을 뿐이니 지금처럼 수고해 주시오.

휴…
다행이다.

살았다
…

하지만 신정에 반대하는 사람이 계속 늘어나자 인종은 끝내 압력을 견디지 못하고 범중엄과 부필을 지방으로 좌천시켰다. 이로써 '경력 신정'은 실패로 끝이 났다.

범 대인이 악양에 왕림해 주셔서 저희로서는 큰 영광입니다.

등자경, 그대가 악주를 잘 다스린다고 칭찬이 자자하더이다.

모두 대인이 그때 절 선발해 주신 덕분입니다.

악주는 멋진 곳이야. 특히 이 악양루가!

한없이 넓은 동정호, 세차게 흐르는 장강이여!

캬~

시상도 떠오른 김에 문장이나 한 편 지으시죠!

그럼 한번 지어 보겠네.

악양루기 岳陽樓記

予观夫巴陵胜状，在洞庭一湖。衔远山，吞长江，浩浩汤汤，横无际涯；
朝晖夕阴，气象万千。此则岳阳楼之大观也。前人之述备矣。
然则北通巫峡，南极潇湘，迁客骚人，多会于此，览物之情，得无异乎？

내 보아하니, 파릉군의 아름다운 경관은
동정호 하나에 들어있는 것 같다.
동정호는 먼 산을 머금고 장강을 삼키고 있으며
넓고 넓어 가로로 끝이 없다.
아침 햇살과 저녁 따스함, 천태만상의 기상,
이것이 악양루의 대략적인 경관인데,
앞사람들의 작품에도 잘 묘사되어 있다.
동정호는 북쪽으로 무협巫峡과 통하고,
남쪽으로는 소수瀟水 · 상수湘水로 이어진다.
좌천된 과객이나 시인묵객들은
대부분 여기에 모였으니, 사물을 바라보는 감정이
어찌 다르지 않겠는가?

… 이하 생략 …

범중엄이 지은 「악양루기岳陽樓記」는 중
국 최고의 걸작으로 꼽히며 지금도 인
구에 회자되고 있다. 그가 이 글에서 언
급한 '천하의 근심을 먼저 근심하고, 천
하의 즐거움을 나중에 즐거워하는' 고상
한 정신은 후대에 깊은 감명을 주었다.

기녀의 사랑을 한 몸에 받은 사인 유영

유영은 송나라 최초의 전문 사인으로 사*를 널리 보급하여 백성들의 큰 사랑을 받았다.

와, 번화한 도성이다!

그래, 여기서 나 유영이 큰 뜻을 펼치는 거야!

아자!!

*사(詞)
　송나라 때 유행한 한문 문체로 시와 달리 노래로도 불렸고, 형식이 자유롭다는 점에서 장단구라고도 칭했다.

255

저 사람 왜 저래? 갑자기 큰소리를 지르고.

하하!

미친 게 분명해. 얼른 가자고!

손님, 들어오셔서 노래 한 곡 듣고 가세요!

엇?

안에서 부르는 건 최신 사인데. 정말 잘 부르네.

저희 사사 아가씨가 부르는 사는 천하의 절창이라 후회하시지 않을 거예요.

어서요—

응

새 사를 사사 아가씨가 불렀다 하면 온 도성 안에 유행하죠.

오, 정말이냐?

믿지 못 하겠다면 직접 들어 보세요.

좋다. 너희들 말대로 정말 잘 부르는지 들어 보겠다.

룰루루~♬

와! 한 곡 더!

앵콜!

사사야, 같이 술 한 잔 하자꾸나!

나랑 잠깐 얘기 나눌 수 있을까?

지금은 곤란합니다.

258

지필연묵이 준비됐습니다. 빨리 써 보세요.

날 속인 거라면 용서하지 않겠어요.

요즘 들어 내 마음이 갑자기 싱숭생숭하던 차에 미인들이 노래하는 연회에서 이토록 아리따운 여인을 만났네…

용안을 지척에서 뵙고 내 꼭 장원급제하여, 그때가 오면 이곳에 돌아와 함께 축하하리라.

정말 멋진 사로군요. 유랑은 진정한 천재예요.

사사의 칭찬을 다 받다니 정말 영광이구나.

우쭐~

이 사를 보니 과거시험에 응시할 마음이 있으신가 봐요?

과거에 낙방한 유영은 진 사사의 기루에 머물며 술 과 사로 시름을 달랬다.

황금의 과거 방에 우연히 장원 자리 잃었네. 명군의 대에 잠시 현자를 버린 거라네.

룰루루~♬

재자 사인은 본래 백의의 경상인데, 기녀의 골목길 아련한 단청의 담장에……

허윽~ 저 얘기가 내 얘기라우.

청춘은 잠깐 동안이라, 헛된 명성 갖는 데 미련이 없어 술과 노래로 바꾸었네.

♪ ♫~

너무 감동적이다!

이 사는 누가 지은 거니?

저기 계신 유랑이셔.

반짝~

261

유랑,
제게도 사를
지어 주세요.

유랑의 사를
노래하면 인기를
많이 얻을 수
있겠어요.

오잉~!

좋다. 진사에
불합격해 경상에
오르지 못할 바에야
여기서 백의의
경상이 되련다!

이후로 유영은 기루와 술집을
두루 다니며 새로운 노래와 사
를 짓는 예술 창작에 몰두했
다. 교방의 악공과 가희가 새
로운 곡조를 얻을 때마다 유영
에게 사를 부탁하자 인종까지
유영의 작품을 알게 되었다.

유영이란 자가
사를 정말 잘
짓는구나.

유영이 올해
전시과를 준비한
다고 하니 관리로
발탁하시지요.

전시과?

262

유영 같은 문인은 관리가 돼선 안 된다.

여길 봐라. 명리는 뜬구름 같아서 마음에 두지 않는다고 썼다.

술 마시고 노래 부르길 좋아하는 자가 어찌 헛된 명성을 구하겠느냐? 그저 사나 지으라고 해라!

후회하실 텐데…

그리하여 유랑의 삶은…

하하, 그럼 사를 지을 테니 잘 들어라!

조정에서 유랑의 재주를 몰라본 건 저들의 큰 손실입니다.

사사만이 날 알아주는구나!

263

벼슬을 얻지 못했다고 풀 죽지 마세요. 저희가 있잖아요.

맞아요. 생활비는 저희가 다 댈 테니 마음 놓고 사를 지으세요.

인생은 뜻대로 되지 않는 법. 난 너희들의 진실한 마음이면 충분하다!

훗날 유영은 명재상 안수의 추천으로 둔전원외랑에 임명됐지만 얼마 지나지 않아 조정 관리의 미움을 사 파면되었다. 그는 가난하게 살다가 숨을 거두었다.

변량에 유랑의 친척이 없으니 우리가 대신하자!

그래. 유랑을 안장할 사람이 없다면 우리가 장례를 치러 주자.

훌쩍 훌쩍~

다른 사람들은 다 우릴 가식적으로 대했지만 유랑만은 진심이었어.

265

유영의 영향력이 실로 대단했구나!

모르셨습니까? 민간에서는 "우물이 있는 곳이면 유영의 사를 노래하는 이가 꼭 있다"는 말이 유행했을 정도입니다.

그래……

그 정도였어?

유영은 제사 지내 줄 친족이 없어 매년 청명절마다 기녀들이 성묘를 오기로 약속했다. 이 풍습은 북송이 멸망할 때까지 계속 이어졌다.

문단의 거두 구양수와 당송팔대가

구양수는 북송의 유명한 문학가이다. 부친은 그가 네 살 때 죽었고 집이 가난해 붓을 살 돈이 없자 어머니는 갈대로 모래에 글씨를 써서 구양수를 가르쳤다.

슥슥~

공자 왈, 학이시습지, 불역열호…

옹알 옹알

수야, 아주 잘 썼다.

감사 합니다, 어머니!

기특~

어머니께서 가르쳐 주신 건 너무 쉬워서 좀 더 어려운 걸 배우고 싶어요.

하지만 집이 가난해서 선생님을 모셔 올 돈이 없단다.

전 책만 볼 수 있으면 돼요.

미안하구나…

옆집에 학자 분이 사시는데 책을 빌려 줄지 모르겠다.

제가 한번 가 볼게요!

수야!

쌔앵—

선생님, 안녕하세요?

누구냐, 넌?

268

다다닥—

그날 밤

집중

269

먼저 주무세요. 빨리 책을 다 베낀 다음 내일 선생님께 돌려 드려야 해요.

제가 오늘 초를 다 쓰게 되면 내일은 엄마를 더 열심히 도울게요.

책을 돌려 드리러 왔어요.

벌써 다 봤단 말이냐?

무슨 뜻 인지는 알고 읽은 게냐?

설마… 다 봤겠어?

270

거의 다 이해
했다고요. 제가
외워 볼게요!

그래,
한번 들어
보자.

옛날에 배우는 자에게는
반드시 스승이 있었다.
스승이란 도를 전해 주고
방법을 알려 주며 의혹을
풀어 주는 존재다.

또랑
또랑

제자라고 반드시
스승만 못하지 않고,
스승이라고 꼭 제자보
다 유능한 것은 아니다.
도를 깨우치는 데는
선후가 있고, 기술과
학업에는 전공이
있다……

하하,
영특한 아이
로구나!

보고 싶은
책이 있으면 언제
든지 오거라.

감사
합니다!

얏호!

저는 이 「사설」을
쓴 한유 선생님을
가장 좋아해서 그
분의 책을 모두
읽고 싶어요.

초롱
초롱

구양수는 똑똑하고 공부를 좋아해 마침내 북송 문단의 거목으로 자랐다. 그는 한유의 고문 운동을 계승해 문학에 현실을 적극적으로 반영하고 당시에 성행하던 화려한 문풍을 배격했다.

수험생의 답안지를 채점하는 일은 저희에게 맡기고 대인은 최종 심사를 책임지시죠.

그럼 안심이 안 된다.

요즘 학생들 문장이 왜 죄다 이렇게 변했죠?

왜 그러느냐?

미사여구로만 가득하고 핵심은 전혀 없는 글이로구나!

쯧쯧

이런 글을 짓는 자는 모두 탈락이다!

속삭~

어?

이 많은 문장 중에 가장 잘 쓴 글이다!

좀 보여 주세요.

말씀하신 대로군요. 당연히 1등을 줘야 합니다!

그런데 문체가 내 제자 증공과 너무 닮았어.

1등을 주면 남들 눈에 제 식구 감싸기로 비칠 거야.

엥?

2등을 주도록 하게.

엇! 저기 구양수 아냐?

왜들 이러느냐?

당최! 왜 전주 최고의 제 문장을 뽑지 않으신 겁니까?

옳소 옳소

저희 모두 힘들게 공부해서 겨우 전시를 칠 기회 를 얻었는데 너무 하십니다!

우르르

다들 스스 로 문제점을 찾아봐라.

탈락한 문장은 글이 형편없거나 화려할 뿐 실속 이 없었다.

홍! 대인이 자기 제자를 뽑으려 사사로이 법을 어긴 걸 누가 모를 줄 아십니까?

무례하구나!

진실을 **밝혀라!**

대인의 제자인 증공을 2등으로 뽑았다고 시험관이 말해 줬다고요!

그건 ……

짜 잔~

그건 오해입니다. 전시과 2등은 바로 저입니다.

자네가 2등이라고?

둘이 모르는 사이 같은데.

증공이 2등 아니었어?!

소식이 구양 대인께 인사 올립니다.

글이 정말 훌륭하던데 이렇게 젊은 줄은 몰랐구나.

의외~

어이쿠

증공이 아닌 줄 알았다면 1등을 줬을 텐데…

1등?!

빨리 성적을 고쳐서 우릴 진사로 뽑으십시오!

누가 1등인진 관심 없고 저흰 진사만 되면 됩니다!

비켜라. 어디서 소란이냐!

대인, 낙방생들이 불만을 터뜨리는 건 매년 있는 일이니 개의치 마십시오.

먼저 가 볼 테니 저들을 심하게 다루지는 마시오.

소식, 나중에 한번 들르도록 해라.

예, 대인.

소식의 집

아버지, 아우야, 제가 전시과 2등에 합격했어요!

소철도 합격하고, 너희 형제의 장래가 아주 밝구나!

안타깝게도 이 아비만 젊었을 때 공부를 게을리해 이 나이가 되도록 진사에 합격하지 못했구나.

277

제가 오늘 구양 대인을 뵈었는데 아버지도 전에 썼던 글을 한번 보여 드리세요.

아버지의 문필은 노련하고 남다른 풍격을 지녀서 틀림없이 구양 대인의 맘에 드실 거예요.

맞아요. 아버지의 「육국론」은 힘이 넘치니 자신감을 가지세요!

그… 그런가?

소철의 말대로 한번 부딪혀 보세요!

그래, 한번 시도해 보자꾸나.

우리 삼부자는 천하에 이름을 날릴 수 있을 거예요!

후에 소순도 구양수의 높은 평가를 받아 증공, 왕안석, 소식, 소철과 함께 발탁되었다.

문학사에서는 이들 여섯 명과 당대의 한유, 유종원을 합쳐 '당송팔대가'라고 부른다.

황제도 두려워 하지 않은 명판관 포증

포증은 합비 사람으로 강직하고 아첨하지 않으며 판결을 명확히 내리기로 이름 높았다. 일찍이 그가 장천현 현령으로 재임할 때 기이한 사건을 해결한 적이 있었다.

長天縣衙

둥!
둥!
분하다, 분해!

따라오거라.

훌쩍~

저벅
저벅

당에 올라라!

포 대인, 소인이 억울한 일을 당했습니다!

말해 보거라. 본관이 해결해 주겠다.

제 소의 혀가 잘려 나갔습니다.

뭣?!

무슨 그런 일이 다 있느냐?

소인이 어젯밤 소를 외양간에 매어 놓고 오늘 아침에 나가 보니 소가 바닥에 엎드려 입에서 피를 철철 흘리고 있었어요.

꺼이─

281

본관이 해결해 줄 테니 걱정 말고 소를 잡아라. 다만 그 사실을 아무한테도 알려선 안 된다.

명심하겠습니다.

며칠 후

대인, 저희 마을에 몰래 밭갈이 소를 도살한 자가 있습니다.

범죄를 고발했으니 본관이 상을 주겠다.

헤헤~

감사합니다.

탁!

깜짝~

이런 고얀지고, 왜 다른 사람 소의 혀를 잘랐느냐?

아이고~~ 제발! 목숨만 살려 주십시오!

버럭

쿵

엥, 내가 왜 목숨을 구걸하고 있지?

하하, 네 입으로 이미 말하지 않았느냐.

그 사람이 몰래 소를 잡았는데 네가 그 사실을 어찌 알았느냐?

그 소의 혀는 분명 네가 잘랐다!

자백하면 죄를 감해 주겠다.

안절부절

예예. 제 죄를 인정합니다요.

제가 그 자와 원수지간이라 그 집 소의 혀를 자르고 소를 몰래 도살했다고 고발했습니다.

후덜덜~

283

저자를 옥에 가둬라. 왜 이런 일이 벌어졌는지 알아본 후 다시 판결 하겠다.

이번 사건도 오케이!

질질질

포 대인은 정말 대단해. 이렇게 까다로운 사건을 금방 해결하다니 말이야.

존경

정말 대쪽 같은 분이셔.

동경

포증이 권신들을 두려워하지 않고 백성의 편에 서서 엄정한 판결을 내리자 그의 명성은 점점 높아졌고 인종은 그를 도성으로 불러 대간과 개봉부지부 등의 관직을 내렸다.

284

왕거정, 오늘 우리 대간 몇 명이 장요좌를 탄핵할 예정인데 동참하겠나?

장요좌가 장귀비의 큰아버지고, 장귀비는 폐하의 총애를 받고 있어서

장요좌를 무너뜨리기란 불가능하지 않을까?

머뭇…

장요좌는 외척이라는 이유로 고관에 오르고 법을 멋대로 어겼으니 탄핵해야 마땅하네!

나와 당개가 폐하 앞에서 목숨 걸고 끝까지 싸울 걸세!

포 대인과 당 대인이 앞장선다면 나도 동참하겠소.

고맙소.

285

무슨 일인고?

폐하, 신이 장요좌를 탄핵합니다.

장요좌 일은 나중에 다시 얘기하시오.

장요좌는 무능할 뿐 아니라 법을 멋대로 어겼으므로 파면해야 마땅합니다.

포증, 감히 날 모함하느냐!

흥!

각지에서 그대를 고발한 소장이 산더미처럼 쌓였는데 모함이라고요?

그건......

신도 장요좌를 탄핵합니다.

찬성~

286

짐이 이미 알았다고 말했는데 이제는 짐의 명까지 무시하는 것이오!

그만 물러들 가시오!

폐하......

폐하가 외척을 비호하니 장요좌를 처벌하기는 글렀구려.

휴~ 어쩐담…

대신들은 잠시 멈추시오!

폐하께서 간언을 듣지 않으시니 집단으로 상소를 올릴 필요가 있소이다.

여러분이 진정 나라와 백성을 생각한다면 꼭 동참해 주리라 믿소.

장요좌 탄핵에 동참하겠소.

나도 동참하리다.

우리도 동참하겠소.

신들이 폐하를 뵙습니다.

아이고 골치야.

깜짝이야! 제발 나 좀 내버려 둬.

여기까지 어인 일이오?

장요좌의 관직을 삭탈하십시오!

쿵~

288

폐하, 신첩의 큰아버지가 파면 됐다고 들었 습니다.

그래, 그리하였다.

저를 귀히 여기신다면 큰아버지를 복직 시켜 주세요.

너는 장요좌만 알고 조정에 포증이 있다는 사실을 모르느냐?

답답-

오늘 포증과 언쟁을 하는데 짐의 얼굴에 침까지 튀었단 말이다.

포증은 관직에 있는 동안 청렴과 강직함으로 일관해 사람들이 포공, 포청천이라고 칭송했다. 민간에서는 공평무사하고 권신을 벌주는 포청천 이야기가 널리 전해져 내려오며, 이를 희곡과 소설로 각색해 큰 인기를 끌었다.

시대를
앞선 개혁,
왕안석의 변법 上

북송은 불필요하게 많은 관료와 병사 문제가 대두되면서 국력이 날로 쇠약해졌다. 범중엄이 주도한 경력 신정이 실패로 돌아간 후 새로운 개혁가 왕안석이 정치무대에 등장했다.

여보, 많이 드세요.

냠냠

먹고 있소.

닭고기를 왜 그렇게 좋아 하세요?

닭고기 라고?

난 아무 것이나 잘 먹소.

쩝쩝~

그런데 왜 다른 음식은 손도 안 대고 닭고기만 드세요?

??

닭고기가 가장 가까이 있어서 집기 편하잖소.

문제를 골똘히 생각할 때는 내가 뭘 먹는지 모른다오.

내 앞에 두부가 놓여 있었으면 아마 두부만 먹었을 거요.

그랬군요. 전 당신이 닭고기를 좋아하는 줄 알고 몇 년간 닭고기 요리만 했는데.

종일 독서 아니면 생각에 골몰하시는데 대체 무슨 생각을 그리 하세요?

국가 대사요.

밖으로는 요와 서하의 위협을 받고 안으로는 국력이 쇠약해져 반드시 개혁이 필요하오.

1068년, 20세의 젊은 황제 신종이 즉위했다. 그는 국력을 크게 떨치고자 당시 명성이 자자하던 왕안석을 불렀는데, 왕안석은 신종에게 변법을 시행하자고 건의했다.

송이 건립된 지 백 년이 지난 지금, 나라가 대체로 평안한데 변법이 꼭 필요한 것이오?

한 · 당이 전성기 때 너른 땅을 개척했지만 결국 내분으로 나라가 망했소.

우리 왕조는 밖으로 외적이 침범하지만 내부는 어느 정도 안정이 됐소.

폐하의 견해가 일리는 있지만 시의에 맞지는 않습니다.

안 맞아?

중원 왕조가 외적에게 밀리면서도 무너지지 않은 건 운이 좋았을 따름입니다.

과거, 농업, 관리 제도, 군제 모두 문제가 많습니다.

그럼 ......

짐이 변법을 신중히 고려해 보리다.

폐하께서 요순처럼 대동 사회를 열길 바랍니다.

짐의 어깨를 무겁게 하는구려. 짐은 다만 중흥의 군주가 되길 바라오.

부담—

왕안석이 능력은 있지만 현실감이 떨어지니 반대파의 의견도 들어 봐야겠어.

휴~

현재 이 나라 문제에 대해 두 대인의 의견을 들어 보고 싶소.

나라가 빈약해진 건 지출이 많아서니 폐하께서 솔선해 근검절약 하셔야 합니다.

조근
조근

사마광의 방법은 임시방편일 뿐이오. 누가 들으면 절약만 해도 나라가 부강해지는 줄 알겠소.

모든 원인은 이재에 밝은 관리가 없기 때문이오.

이재에 밝다는 건 백성을 수탈하는 능력이 뛰어나다는 것이오.

뭐요?

이재에 밝은 사람은 백성의 부담을 늘리지 않고도 나라를 부강하게 만들 수 있소.

천하의 재물은 조정이 아니라 백성의 수중에 있어야 하는데

조정의 부를 늘리려면 민간에서 가져올 수밖에 없지 않소?

이재가 뭔지도 제대로 모르면서!

함부로 지껄이지 마시오!

아웅 다웅

이······

이러다간 끝이 없겠군.

우리가 한참을 논쟁했는데 폐하는 아무 말씀도 없구려.

폐하는 누구 의견에 찬성하십니까?

음······ 기본적으로 사마광의 의견에 동의하오.

현명하십니다!

헤헤~

폐하!

296

허나 왕안석의 방법을 먼저 시도해 봅시다.

좋다 말았네.

옳은 판단 이십니다.

내 그대의 인품을 크게 존경하지만 변법은 나라와 백성에게 재앙을 안겨다 줄 것이오.

그대 같은 책벌레는 융통성이 없어서 변법의 의의를 이해하지 못하오.

내가 끝까지 반대할 것이오!

나도 끝까지 밀어붙일 것이오!

질 줄 알고?

폐하께서 변법에 동의하셨다. 이제 우리가 핵심이 돼 나라를 구하도록 하자.

여혜경, 증포, 너희들이 변법을 도와 마음이 놓인다.

듬직-

으쓱

기특한 소철, 네 형 소식이 변법을 심하게 반대했음에도 날 지지해 줘서 고맙구나.

변법이 나라에 이익이 될 거라 확신합니다. 형님도 결국 태도를 바꿀 거예요.

대인, 저희가 청묘법靑苗法 초안을 작성해 놓았습니다.

여혜경

정부가 농민에게 민간의 고리대금보다 훨씬 싼 2할의 이자로 돈을 빌려 줍니다.

농민은 봄에 밭을 갈 때 돈을 빌려 가을 수확 때 갚으면 정부와 농민 모두 이익이 되고 고리대금업자에게 타격을 줄 수 있습니다.

증포

청묘법은 변법의 핵심이라 꼭 신중히 처리해야 한다.

저는 직접 농촌에 가서 청묘법 시행을 감독하겠습니다.

좋다. 소철이 이 일을 맡아라.

변법이 시행되자 많은 대신들이 신종에게 강력하게 반대 의사를 피력했다.

왕안석이 겉으로는 충신인 척하지만 실제로는 가장 흉악한 간신 이라

결국 재앙이 백성에게 미치게 될 것입니다!

폐하, 왕안석에게 속아 서둘러 변법 을 시행해서는 안 됩니다!

여해, 할 말 못 할 말을 가려서 하시오!

깨갱—

왕안석은 일개 지방관에 불과했습니다. 그가 현에서 시행하던 조치를 나라에 이식하려는 것은 옳지 못합니다.

폐하, 변법을 거두어 주십시오!

제발… 엉엉엉~

왕안석의 집

방아, 누가 찾아와도 내가 병에 걸렸다고 말하고 절대 들이지 마라.

네, 하지만······

아버지는 변법을 주도하느라 공무가 다망하신데 왜 병을 핑계로 조정에 나가지 않으십니까?

조정 대신들이 모두 날 비난하니 아무리 강철 심장이라도 버티기 어렵구나.

그러셨군요······

휴, 저항이 너무 거세다.

아버지!

우당탕~

아무도 들이지 말라 했거늘······

왕 대인!

앗, 폐하!

Hi~

경이 병이 났단 얘길 듣고 특별히 문병을 왔소.

하찮은 몸에 병이 생겨 심려를 끼쳐 드렸습니다.

그대의 고민을 알고 있소. 하지만 변법을 시행하는 데 그만한 반대는 예상한 것 아니오?

사실 짐의 압력이 그대보다 훨씬 크오. 짐은 온 나라를 걸고 그대를 지지하겠소.

그대를 반대하는 대신은 짐이 맡을 테니 마음 놓고 뜻을 펼치시오!

폐하가 이렇게 절 배려해 주시니 신의 몸이 가루가 될 때까지 보답하겠습니다!

왕안석은 신종의 든든한 지지를 등에 업고 변법을 강하게 밀어붙였다.

시대를
앞선 개혁,
왕안석의 변법 中

2년 만에 변법을 통해 균수법*, 청묘법, 농전수리법, 보갑법** 등의 신법을 추진하여 어느 정도 효과를 보았지만 더 큰 논쟁을 일으키게 되었다.

형님은 변법에 편견을 가지고 있습니다.

정녕 그리 생각하느냐?

소철

소식

편견인지 아닌지는 실제로 조사해 보면 알게 되겠지.

좋습니다!

청묘법을 예로 들자면 사실 출발은 좋았다.

허나 사람 마음이란 복잡해서 일단 실시하면 변질되기 마련이다.

* 균수법均輸法
국가가 각 지방의 산물을 조세로 징수하여 다른 지방에 판매함으로써 물가 안정과 재정 수입 증대를 이루려 한 정책이다.
** 보갑법保甲法
군비 절감과 군사력 강화를 위해 실시한 민병 제도. 유사시에 대비해 군사 훈련을 하고, 평상시에는 지방 치안을 담당했다.

청묘법이 공식적으로는 이자가 2할이지만 실제 이자는 고리대보다 훨씬 높다.

어떻게 그리 됩니까?

궁금하면 저자들을 보거라.

쪼르르~

나리, 법령 반포로 이제 여기서 종자 살 돈을 빌려 수확한 후 갚으면 된다고 들었습니다.

헤헤~

맞다. 먼저 돈 5관을 내라.

이자만 내고 수속비는 면제 아닙니까?

넷??

폐하가 돈을 안 받는다고 이 어르신 술값까지 떼먹을 생각이냐!

그건……

304

봤느냐? 백성들이 갖가지 착취를 당해 이자는 자연스레 늘어나게 된다.

으르렁

윽…이런 일이…

대인, 저 대신 대출 신청서 좀 써 주실 수 있으세요?

자네가 대출을 받는데 왜 남에게 신청서를 써 달라는 것이냐?

농담이 지나치십니다. 글을 아는 농민이 몇이나 된다고…

관부에서 지정한 사람에게 신청서를 맡기면 너무 비싸서 그럽니다. 돈을 드릴 테니 부탁 좀 들어 주십시오.

돈은 필요 없다.

여기서 잠깐만 기다려라.

대인, 대인……

305

저런!

좋았어!

히히

나는 조정에서 파견한 신법 시행 감찰관 소철이다. 당장 현령을 불러 와라!

아이고, 소 대인이 여기까지 어인 일이십니까?

후다닥—

내 이미 몰래 탐문 조사를 해 보았다. 어찌 백성을 이리도 수탈한단 말이냐?

상부에서는 목표량을 하달하고 말단 관리들은 돈을 벌려고 하니 저도 중간에서 참 난처합니다.

목표량이라고?

306

상부에서 올해 대출 목표량을 지정해 주어서 저도 강제로 할당할 수밖에 없습니다.

그래서 대출 받고 싶지 않은 사람까지 대출을 받아야만 하죠.

기한 내에 대출금을 갚지 못하는 사람들은 관부에서 가산을 몰수해 변제합니다.

휴~

가산을 몰수하면 난리가 날 텐데?

그래도 방법이 없습죠.

봤느냐? 이것이 바로 현실이다.

왕 대인에게 사실대로 보고해야겠어요.

청묘법이 관리에게는 횡령의 기회를 제공하고, 농민은 돈을 빌리기만 하고 갚지 않으려 해서…

소철이 보낸 편지인데 한 번 읽어 보아라.

그의 말대로라면 문제가 심각합니다.

한기, 사마광, 구양수가 거듭 상소를 올려 변법을 반대하는데, 청묘법을 폐지하는 건 어떨까요?

절대 안 된다. 큰일을 하다 보면 반드시 난관에 부딪히는 법! 한 발짝도 물러설 수 없다!

강경—

반대의 목소리가 높지만 국고가 충실히 채워지고 있는 상황을 폐하도 똑똑히 보고 계십니다.

맞다. 폐하께서 굴복하지 않는다면 우리도 절대 굴복해선 안 된다!

과일 사세요!

신선한 달걀이 왔어요!

관원들이 달걀과 과일을 파는 것도 왕안석의 이재술이란 말이냐?

문언박

문 승상, 이건 왕안석의 시역법市易法입니다.

그가 시역법을 시행하면 물가를 억제하고 대상인의 중소 상인 겸병을 막을 수 있다고 확신했다지?

생각은 좋습니다만 오다가 혹 상인을 보셨습니까?

맞다. 상인들은 어디 가고 죄 관원들만 장사하고 있는 게냐?

목 좋은 이 구역은 관원들이 모두 점령해 버렸습니다.

관부에서 강압적으로 물건을 싸게 사서 비싸게 파니 상인들이 살아갈 수가 없습니다!

대상인의 중소 상인 겸병을 막은 게 아니라 관부가 모든 상인을 겸병했구나.

심각해…

시역법으로 관부가 시장을 독점하고 백성과 이익을 다퉈 과일까지 팔고 있습니다.

문언박, 증거가 있소?

신이 두 눈으로 똑똑히 봤습니다. 한 나라의 관리가 시장에서 물건을 파는 건 체통이 서지 않는 일입니다!

이러면 국체만 손상되고 백성의 불만을 사게 됩니다.

부릅!

310

문 승상의 말이 옳습니다. 나라가 백성과 이익을 다퉈서는 안 됩니다.

음......

일부 관리들이 신법을 제멋대로 집행하고 있지만 시역법은 이들 말처럼 형편없지 않습니다!

발

끈

왕 대인이 직접 발탁한 여가문이 시역사를 관장한 후 앞장서서 못된 짓을 저지르고 있소!

소식의 말은 다 헛소리입니다. 통촉해 주시옵소서!

그렇다면 짐이 사람을 파견해 조사해 보리다.

증포가 법을 공정하게 집행하니 이 일을 맡아 주시오.

예, 폐하!

골라 골라~

311

저 대인이 무슨 일로 저렇게 많은 사람을 대동하고 왔지?

저분은 삼사사인 증포야.

증포는 신법파야. 걱정하지 말라고.

키키~

상인들을 모두 불러 와라.

예!

무슨 일로 저희를 찾으셨습니까?

난 삼사사 증포다. 폐하께서 시역법 시행 상황을 조사하라고 보내셨으니 불만이 있으면 죄다 말해라.

저… 정말이요?

폐하께서 드디어 고관을 보내 주셨어!

저희는 지금 살 수가 없습니다!

아이고~

아이고~

대성통곡─

대인께 다 말씀드리겠습니다.

시역사 여가문이 시장을 독점하고 온갖 못된 짓을 저지르고 있습니다!

여가문이 강제로 우리 물건을 싼값에 사서 사람들에게 비싸게 팔고 있습니다.

주르륵~

이를 제지하지 않으면 저희는 모두 파산하고 맙니다.

주르륵~

증 대인께서 저희를 살려 주십시오!

그랬구나.

신이 알아본 바로는 시역법이 백성에게 재앙이 되고 있습니다.

증포, 함부로 말하지 말아라!

제 말은 모두 사실입니다. 제가 어찌 왕 대인, 게다가 폐하를 속이겠습니까?

증포, 여혜경은 이를 철저히 조사해 법을 어긴 관원을 엄벌에 처하라!

예, 폐하!

신법이 시행되는 과정에서 갖가지 문제가 나타나자 원래 변법을 지지하던 소철, 증포까지 이에 반대하고 나섰다. 크게 낙담한 왕안석은 신종에게 사직을 고하고 변량을 떠났다.

314

시대를 앞선 개혁, 왕안석의 변법 下

왕안석이 사임한 후 여혜경이 변법을 주관했다. 여혜경은 자신을 반대하는 사람들을 모조리 숙청하고 군사를 일으켜 서하를 공격해 조정 대신들의 불만을 샀다.

소식!

왕 대인께 드릴 말씀이 있습니다.

소식은 금릉을 지나는 길에 집에서 한가로이 지내는 왕안석을 특별히 방문했다.

이제 난 정치에서 완전히 손을 뗐네. 변법 얘기는 꺼내지 말게.

절레 절레

국가 대사에 관한 일이라 꼭 말씀드려야 합니다.

그럼 말해 보게나.

해마다 전쟁을 일으키는 건 망국의 징조인데 왜 이곳에 은거하면서 아무 말씀도 하지 않으십니까?

난 일선에서 완전히 물러난 사람일세.

그건 변명에 불과합니다.

폐하께서 대인을 극진히 대우하셨는데 이런 식으로 보답하는 건 예의가 아니지요!

음…

자네 말이 맞네. 내가 생각이 짧았구먼.

316

이번 만남으로 웃으면서 옛 은원 관계를 깨끗이 잊는 건 어떨까요?

내가 변법을 추진하고 자네가 변법에 반대한 것 모두 나라를 위한 일이네. 어찌 개인적인 은원이 있을 수 있겠나?

왕 대인 같으신 분은 몇 백 년 만에 나올까 말까 한 인물이십니다.

여혜경의 집

왕안석이 조정에 복귀하려 한다는 사실을 알고 계십니까?

집에서 노년이나 편하게 보낼 것이지 왜 다시 돌아온단 말이냐?

이는 분명 대인의 권력을 뺏으려는 겁니다!

317

내가 어떻게 재상 자리에 올랐는데 왕안석 때문에 일을 망칠 수는 없다!

벌떡

여 재상, 모역법* 시행 중에 많은 문제가 발생했으니 보완 방안을 마련하시오.

왜 왕 승상을 불러 의논하지 않으십니까?

왕안석이 병에 걸린 사실을 모르시오?

이는 십중팔구 꾀병으로 폐하를 협박하는 것입니다.

짐을 협박한다고?

모역법募役法
농민에게 노역 대신 돈을 내게 해 그 자금으로 실업자를 고용하는 제도.

사실 왕 승상은 예전처럼 권력을 쥐락펴락 하려고…

됐소!

폐하……

탁!

당시 많은 대신들이 여혜경은 재주는 있지만 덕이 없다고 말했는데 왕안석만 그대를 중용하라고 계속 권했소!

그대가 은혜를 원수로 갚는 사람인 줄 몰랐구려!

바들~

바들~

폐하… 그것이 아니오라…

나가 보시오!

신종은 왕안석을 지지한다는 표시로 여혜경을 재상에서 쫓아냈다. 그러나 왕안석도 적을 많이 만든 관계로 오래 버티지 못하고 다시 사직하고 고향으로 돌아갔다.

나라를 강성하게 만들려면 내가 모든 비난을 감수해야 해.

폐하께서 이미 중임을 짊어지고 변법을 추진하시니 난 고향으로 돌아가자.

초

탈

봄바람이 또 강기슭을 푸르게 하는데, 밝은 달은 언제 내 돌아갈 길 비추겠는가.

나리, 폐하께서 승하하셨답니다!

320

페하…
아니되옵니다!

엉엉엉~

나리, 진정
하십시오.

훌쩍

훌쩍

지금 조정
정국은
어떠하냐?

겨우 열 살 된
태자께서 제위를 이어
태후마마가 수렴청정을
하고 사마광이 승상에
임명되었습니다.

주르륵

주르륵

페하,
어찌하옵니까
……

태황태후와
사마광은 변법에
반대한 터라

나와 선제의
십 년 피땀이 모두
물거품이 되는
구나!

변량

신 사마광 태후마마를 뵙습니다.

승상, 빨리 변법을 모두 폐지하시오!

또랑

신법이 비록 총체적으로 문제가 있지만 단번에 없애서는 안 됩니다.

또랑

일부 법령은 여전히 효력을 발휘합니다.

하지만 대신과 백성들이 강력하게 폐지를 요구하니…

만약 민의를 거스르면 큰 혼란이 일어날까 걱정이오.

이 몸은 너무 늙고 폐하는 또 너무 어려서 많은 자들이 제위를 노리고 있소.

신, 명심하겠습니다.

323

사마광은 나라의 안정을 위해 부득불 신법 폐지라는 강경책을 들고 나왔다.

폐하, 신은 신법의 완전 폐지를 주장합니다.

감정적으로 일을 처리해선 안 됩니다. 신법이 시행된 지 10여 년이라 단번에 폐지하기란 불가능합니다.

모역법의 경우 기존 법보다 훨씬 효과적이라 계속 시행해야만 합니다.

나라에 재앙을 가져온 신법은 모두 폐지해야만 하오!

전에 우리가 왕안석을 반대한 이유는 독단적인 일처리 때문이었는데 승상도 왜 이리 남의 의견을 받아들이지 않소?

뭣이오?

소식은 언쟁을 그치시오.

나도 사마광을 지지하니 이 일은 그리 처리하시오!

휴······

사마광이 신법을 모두 폐지한답니다!

뭐라고?

벌떡

모역법은 나와 선제가 2년 동안 논의한 끝에 시행해 나라에 이익이 된단 말이다!

어찌 이럴 수가 있단 말이냐? 어찌 이럴 수가…

나리…

쾅쾅!

우당탕

선제를 뵐 면목이 없구나.

꺼이 꺼이~

왕안석의 변법은 끝내 실패했지만 변법의 영향력은 후대에 계속 이어졌다. 이 변법의 시비와 공과는 지금까지도 논란거리가 되고 있다.

사마광과
『자치통감』

북송에서 손에 꼽힐 정도로 학식이 뛰어났던 사마광은 어려서부터 남다른 재능을 보였다.

헤헤

하하하

내가 가장 용감하다!

아냐! 내가 가장 용감해!

첨벙   첨벙~

그만들 싸워. 가장 용감한 사람은 나라고!

그만 내려와. 너무 위험해.

헤헤, 사마광, 내가 부럽지?

그래!

번뜩!

애들읍… 나 좀 살려읍…

조금만 기다려!

조심해. 항아리를 돌로 깰 테니까!

쓩~

와장창~

쏴~!

329

수업 시간에 잠이나 자고!

아야! 선생님, 아파요!

네가 영특하긴 하나 그것만 믿고 우쭐대지 마라.

옛날에 방중영 이란 사람은 네 살 때 시를 지을 만큼 총명했단다.

하지만 공부를 게을리해서 결국 아무것도 이루지 못했지.

오늘부터 열심히 공부 할게요!

그런데 책만 보면 잠이 쏟아 지는데 어쩌지?

그래! 물을 많이 마시면 오줌이 마려워서 일찍 일어날 수 있을 거야.

꼬끼오

아, 잘 잤다!

윽, 침대에 오줌을 쌌어.

침대에 오줌을 싸도 일찍 깨지 못하니 이 방법은 소용없어.

비몽 사몽

이번에는 둥근 베개를 베고 자는 거야.

몸을 뒤척이면 머리가 베개에서 떨어져 일어날 수 있겠지?

아이고!

콩—

깼으니 얼른 책을 읽자.

군자의 마음은 평안하고 넓으며, 소인의 마음은 늘 근심과 걱정에……

사마광, 요즘 성적이 부쩍 올랐더구나.

시끌

벅쩍

열심히 공부 해서 선생님의 가르침을 저버리 지 않을게요.

꾸준히 공부 하면 틀림없이 진사에 합격할 게다!

아빠가 역사책 읽는 걸 좋아하시는데 역사책이 너무 복잡하더라고요.

장래에 제가 꼭 간명한 역사책을 쓰고 싶어요.

장하구나. 그러려면 해박한 지식 뿐만 아니라 평생 고생할 각오를 해야 한단다.

쉽지 않아

꼭 열심히 노력할게요!

훗날 사마광은 학식이 깊고 넓은 학자로 성장해 인종·영종·신종 모두 그를 높이 평가했다. 하지만 변법을 두고 왕안석과 논쟁을 벌이다가 결국 신종에게 사직을 청했다.

신이 이 나이까지 이루지 못한 과업이 하나 있습니다. 바로 간명한 통사를 쓰는 일입니다.

좋소. 날마다 왕안석과 티격태격하는 모습을 보는 것이 짐에게도 고역이었소.

그대가 쓴 『통지』를 봤는데 정말 잘 썼더구려. 이어서 계속 써 주길 바라오.

명에 따르 겠습니다.

책이 완성되면 지나간 역사를 거울 삼아 제왕의 치국에 도움을 준다는 의미에서 '자치통감'이라 부르는 게 좋겠소.

훌륭한 이름입니다!

사마광은 정치 일선에서 물러나 역사책 편찬에 매진했다.

우리는 사서 편찬의 명을 받았으니 아무리 힘들어도 꿋꿋이 이겨내야 한다.

유반은 양한의 역사를 맡도록 해라.

걱정 마십시오. 제 임무를 꼭 완수 하겠습니다.

맡겨만 주십쇼!

336

유서는 위진남북조 부분을 맡아라. 이 시기의 역사가 복잡다단하여 더욱 신경 써야 할 거야.

명심하겠습니다.

범조우는 수당과 오대 부분을 맡도록 해라.

예!

최종적으로 내가 너희들의 작품을 총괄해 『자치통감』을 완성하겠다!

우리 손에 역사의 흐름이 달려 있느니라. 열심히 하거라.

대인,
좀 쉬었다
하시죠.

먼저들 쉬어라.
난 좀 더 써야
겠다.

쉴 틈이 없어

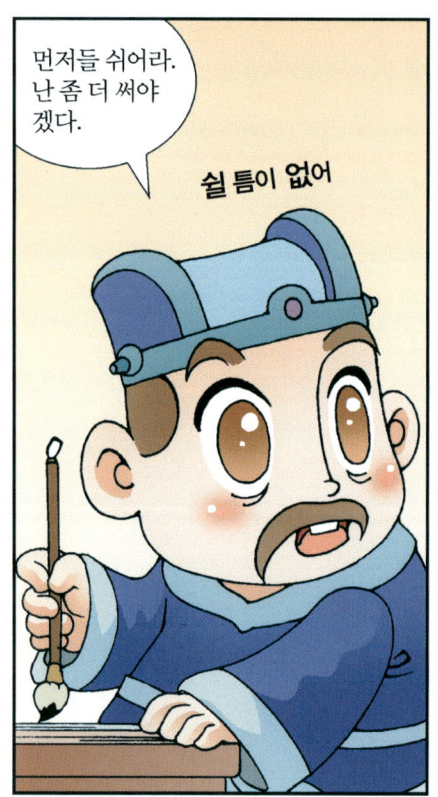

사마광은 무려 19년을 역사서
쓰는 데 바쳤다. 시력은 점점
더 저하되고 치아도 거의 다 빠
졌지만 그는 마침내 『자치통
감』이라는 거작을 완성했다.

훌륭하오!

소동파가 적벽을 노래하다

저명한 시인이자 사인으로 수많은 작품을 남긴 소식은 왕안석의 변법에 반대하다가 변법파의 미움을 샀다.

소식, 너의 시 「산촌오절」에서 신법에 반대하는 시구가 있다는 사실을 인정하느냐?

1079년, 소식의 정적들이 그의 시에서 꼬투리를 잡아 그가 조정을 비방했다고 모함해 그는 옥에 갇히고 말았다.

인정하오. "푸른 돈이 휙 지나가 순식간에 없어지네"는 청묘법을 반대한 것이오.

"어찌 '소'란 음악을 듣고 맛을 잊은 줄 아는 것이랴? 석 달 동안 소금이 없기 때문이라네"는?

그건 소금 매매 금지법을 풍자한 거요.

실토~

339

이렇게 순순히 자백하니 심문이 금방 끝 나겠군.

그럼 다른 시들에 있는 문제도 한번 설명해 보시지?

더는 없소.

그 두 구 외에 조정을 비방하거나 신법을 반대한 시구 는 전혀 없소.

뭘 더 바라?

어사대에서는 소식을 영원히 매장 하려고 하는데, 이 시 구 두 개 가지고는 죄 가 너무 가벼워.

기어코 죄를 인정하지 않으면 고문으로 자백을 받아내는 수밖에 없다!

그건 불법이오!

340

341

대인이 사형이라뇨!!! 말도 안 됩니다.

휴······

하지만 조정에서 함부로 사대부를 해칠 리가 없습니다. 제가 좀 더 알아보고 오겠습니다.

내가 이렇게 죽을 줄은 몰랐구나!

부친은 일찍 돌아가시고 아우 소철과 의지하며 살았는데 그에게 절명시를 남겨야겠다.

글썽

글썽

꿈에서는 깊은 산 사슴처럼 노닐더니, 깨어 보니 끓는 물 앞 닭 신세가 되었구나.

소 대인!

잉? 시를 쓰고 계시네.

이번 생에 너와 나 형제 되었으니, 내생에 다시 만나 못다 한 인연 맺자꾸나.

이 절명시는 정말 감동적입니다.

좋은 소식과 나쁜 소식이 있는데 어떤 것부터 듣고 싶으십니까?

곧 죽을 몸, 이보다 더 나쁜 소식이 있겠는가?

아닙니다. 대인의 시가 틀렸습니다.

그럴 리가?

어디가 틀렸느냐?

대인이 죽는 일은 없으니까요.

얼씨구~

정말이냐?

그렇다니까요~

오늘 대인의 아들이 일이 있어서 친구가 대신 식사를 보냈답니다. 친구가 그 약속을 모르고 생선을 보낸 것이고요.

휴, 십년 감수했구나.

소식이 백여 일을 옥에 갇혀 있었지만 어떤 대죄도 범하지 않은 관계로 신종은 그를 풀어 주고 황주의 말단 관리로 좌천시켰다.

344

아버지, 좀 쉬세요. 밭은 제가 갈게요.

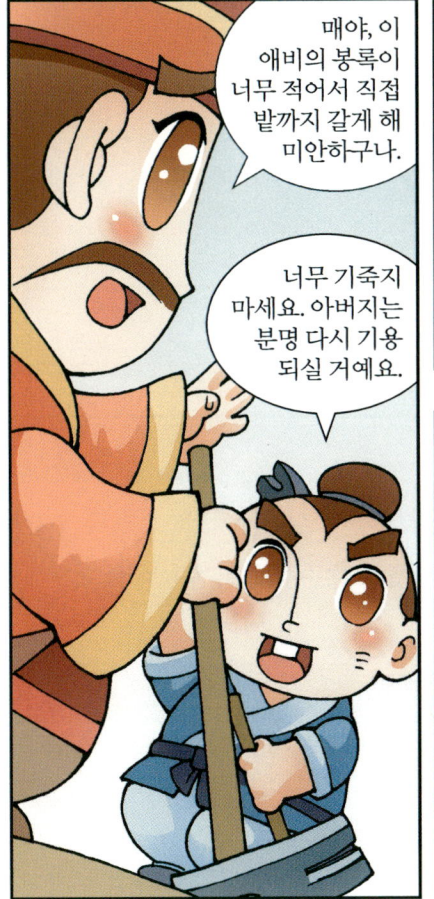

매야, 이 애비의 봉록이 너무 적어서 직접 밭까지 갈게 해 미안하구나.

너무 기죽지 마세요. 아버지는 분명 다시 기용되실 거예요.

맞는 말이다. 좀 더 낙관적으로 생각하자꾸나!

이곳이 황주의 동쪽 산기슭에 있으니 이제부터 나를 동파거사라고 부르겠다.

여기서 적벽 전쟁터까지 멀지 않으니 기분 전환겸 다녀 오세요.

그래, 언제 불인과 함께 다녀와야겠다.

냠냠~

불인, 승려가 계율을 어기고 술과 고기를 먹는 게 말이 되오?

먹는 꼬락서니를 한번 보시오!

동파 선생, 너무 놀리지 마시오.

쩝쩝

대사의 앉은 모습이 꼭 똥 무더기 같습니다.

허허허

346

동파 선생은 꼭 불상 같소.

내가 대사를 놀렸는데 나 보고는 불상 같다니요?

헤헤 ……

알았다. 저속한 말을 쓰지 않고 날 욕한 것이구려!

부르르~

대사의 마음속엔 부처가 있어서 다 부처로 보이고, 내가 사람을 똥으로 본 건 마음이 깨끗하지 못하단 뜻 아니오?

하하 ……

적벽에 도착했습니다.

347

선창에 나가 봅시다.

와아!

옛날에 주유가 조조를 대파한 곳이구려!

Wonderful~!

적벽은 주유의 화공으로 온통 붉게 물들었겠지?

동파 선생은 상상력도 풍부하구려. 난 그저 보통 강으로밖에 안 보이는데 말이오.

큰 강물은 동으로 물결 따라 사라져 갔네. 아득한 옛날을 풍미했던 인물들과 함께.

옛 성 서쪽 사람들은 이렇게 말하지, 삼국시대 주유의 적벽대전 터라고.

아득히 당시의 주유를 떠올리니, 소교가 처음 시집왔을 때 영웅의 풍채 당당했었네.

하얀 깃털 부채에 윤건 쓴 제갈량과 담소하는 사이, 강력한 조조의 군대는 재 되어 날고 연기처럼 사라졌네.

험난한 바위 절벽을 뚫을 듯 솟아 있고, 기슭을 부숴 버릴 듯한 파도, 천 겹의 물보라로 휘감아 올린다.

적벽을 거닐며 옛일을 회상하노라니, 정이 많은 내가 참으로 우습구나. 일찍 머리 세어 버린 내 모습,

인생은 꿈과 같은 것, 한 잔 술 들어 강물 속 달에게 부어 주노라.

와, 정말 멋진 시요!

오늘 기분도 끝내주는데 선실로 들어가 한 잔 더 합시다!

여부가 있겠소!

너무 취했으니 이만 돌아갑시다.

헤롱~ 헤롱~

349

취해야 맛이지. 낮엔 시를 지었으니 밤엔 문장을 짓자.

물에 빠져 봐야 정신을 차리려나.

달빛이 정말 아름답구나!

계수나무 노와 목란 상앗대로, 훤히 빈 밝은 달그림자를 치며 달빛 어린 강물을 거슬러 올라가노라.

넓고도 아득하구나, 내 마음이여. 하늘 저 한 곳에 있는 미인을 바라보노라.

사실 소식이 유람한 황주 적벽은 주유가 화공으로 조조를 물리친 적벽이 아니었다. 하지만 소식의 착오로 인해 엉뚱하게 명성을 얻었다.

훗날 사람들은 이 대문호를 기념하기 위해 이곳을 '동파 적벽'이라고 불렀다.

다음 권에 계속됩니다…